FRIEDRICH DÖNHOFF

Mister Helmuts Schule

Das zweite Leben des Managers Helmut Bleks in Namibia

Rowohlt Taschenbuch Verlag

Originalausgabe
Veröffentlicht im Rowohlt Taschenbuch Verlag,
Reinbek bei Hamburg, Oktober 2005

Redaktion Hermann Gieselbusch, Wentorf bei Hamburg
Umschlaggestaltung ZERO Werbeagentur, München
(Foto außen: photonica / Theo Allofs
Foto innen: Ranke)
Karte: Peter Palm, Berlin
Fotos Tafelteil © Friedrich Dönhoff, Angelika Mette,
Karsten Koop, Karin Dönhoff
Innentypografie Daniel Sauthoff
Satz Dante und Trinité PostScript, InDesign,
bei Pinkuin Satz und Datentechnik, Berlin
Druck und Bindung C. H. Beck, Nördlingen
Printed in Germany
ISBN 3 499 61992 x

Angola
Zambia
N
S
Sambesi
Kunenefluss
Caprivi-Zipfel
Oshakati
OVAMBOLAND
Etosha Game Reserve
Okavango Basin
Grootfontein
Outjo
Otjiwarongo
Namib-Wüste
Karibib
Okahandja
Botswana
Swakopmund
Khomas Highland
Windhuk
Walvis Bay
Namibia
Kalahari-Wüste
Mariental
Lüderitz
Keetmanshoop
Oranjefluss
Atlantischer Ozean
Republik Südafrika
Kapstadt
(Cape Town)
Kap der Guten Hoffnung
0
100
200
300 km

Einleitung

In einer Nacht im Dezember 2004 überquert das Flugzeug, von Deutschland kommend, Südeuropa, das Mittelmeer und die Sahara. Neun Stunden Flugzeit sind es von Frankfurt bis zum Zielort Windhuk, der Hauptstadt Namibias im Süden Afrikas.

Ich bin unterwegs, um einen lang gehegten Plan auszuführen. Seit vielen Jahren schon möchte ich einen Mann dazu bringen, aus seinem Leben zu erzählen: Helmut Bleks. Dem ehemaligen Manager aus Deutschland, der mit seiner Frau Gertraude und den beiden jüngeren Kindern Anfang der siebziger Jahre nach Namibia auswanderte, ist es gelungen, dort ein ganz besonderes Projekt zu verwirklichen. Mitten im dünn besiedelten Hochland, wo es zuvor keine Schule gab und die einheimische Bevölkerung mehrheitlich aus Analphabeten bestand, gründete er vor über dreißig Jahren ein Schuldorf, in dem heute vierhundert Kinder und Jugendliche leben und lernen. Wenn sie abgehen, haben sie eine mehrjährige kostenlose Schulausbildung hinter sich. Und vor sich eine echte Perspektive für ihre berufliche Zukunft – ein unschätzbarer Wert in einem Land, in dem die Arbeitslosigkeit bei fünfunddreißig Prozent liegt.

Es war meine Großtante Marion Dönhoff, die mich auf einer gemeinsamen Afrikareise im Jahr 1992 mit Helmut Bleks bekannt machte. Über ihn sagte sie, er gehöre unter allen Menschen, die sie in ihrem Leben kennen gelernt habe, zu denjenigen, die ihr am meisten imponiert hätten, weil er sich über Jahrzehnte für etwas Gutes und Nützliches engagiert habe: für die Ausbildung von Kindern. Nachdem sie ihn und sein Projekt Mitte der achtziger Jahre auf einer journalistischen Reise durch Afrika kennen gelernt hatte, schrieb sie mehrfach über ihn und seine Arbeit in der «Zeit» und verfolgte fortan die Entwicklung des Schuldorfs «Baumgartsbrunn», fünfundvierzig Kilometer westlich von Windhuk.

Der große Respekt, den meine Tante für Helmut Bleks stets ausdrückte, könnte auch andere Wurzeln haben. Vielleicht spielte bei ihr, für die nach dem Weltkrieg der Gedanke der Versöhnung immer überragende Bedeutung hatte, auch eine Rolle, dass Bleks' Aufbauarbeit in einem Land geschah, das einst unter deutscher Kolonialherrschaft sehr gelitten hatte.

1883 hatte der Bremer Großkaufmann Franz Adolf Lüderitz einen Küstenstreifen nebst Hinterland erworben. Kurz darauf wurde das Gebiet unter den Schutz des Deutschen Reiches gestellt. Fortan hieß das Land Deutsch-Südwestafrika und wurde wirtschaftlich ausgebeutet. Deutsche Siedler teilten das bewohnbare Terrain untereinander auf und machten die Einheimischen zu Untertanen. Fünf Jahre später kam es zum Aufstand der afrikanischen Bevölkerung, dem zunächst deutsche Farmer zum Opfer fielen. Im Januar 1904 erhoben sich erneut die halbnomadischen Herero und Nama gegen die deutschen Kolonialherren. Der «Eingeborenenaufstand der Herero und Hottentotten» wurde von einer kaiserlichen Truppe unter dem Kommando des Generallieutnants Lothar von Trotha auf brutalste Weise in Blut erstickt. 60 000 Afrikaner verloren ihr Leben.

Zehn Jahre später besiegten im Ersten Weltkrieg die Streitkräfte der zu England gehörenden Südafrikanischen Union die kleine kaiserliche Schutztruppe. Nach deren Kapitulation wurde das Land von den Siegern unter Kriegsrecht verwaltet, bis der Völkerbund auf Grund des Versailler Vertrages Mitte Dezember 1920 der siegreichen Unionsregierung das Mandat übertrug.

Die deutsche Herrschaft hatte nur dreißig Jahre gedauert, aber – neben tüchtiger Entwicklungsarbeit – enorme Menschenopfer gefordert. Dass heute die Namibier den Deutschen freundlich begegnen, ist keineswegs selbstverständlich, sondern bezeugt einen Geist der Versöhnung.

Für die nicht weißen Einwohner Südwestafrikas änderte sich nach der Machtübernahme durch den südlichen Nachbarstaat wenig. Nun wurden sie siebzig Jahre lang von Südafrika, das seine Apartheidspolitik übertrug, ausgebeutet. Erst 1990 erlangte Namibia als letzter Staat des Kontinents seine Unabhängigkeit. Heute leben auf einer Fläche, die mehr als doppelt so groß ist wie Deutschland, nur knapp zwei Millionen Menschen, also etwa so viele wie in der Hansestadt Hamburg. Die Amtssprache ist Englisch, aber aus der Zeit des südafrikanischen Mandats ist Afrikaans als Verkehrssprache übrig geblieben, die im Land von jedem verstanden und gesprochen wird. Auf die deutsche Vergangenheit verweist noch eine Vielzahl deutscher Straßennamen in einigen Städten. Da gibt es die Bismarckstraße, die Kaiser-Wilhelm-Allee oder die Bahnhofstraße. Und eine erstaunlich große Zahl weißer und schwarzer Namibier spricht zur Überraschung der mittlerweile zahlreichen deutschen Touristen bis heute Deutsch.

In diesem Buch schreibe ich alle Namen in der amtlichen englischen Form – mit der einzigen Ausnahme Windhuk (statt Windhoek), auch weil es so im Duden steht.

Seit meiner ersten Begegnung mit Helmut Bleks sind fast vierzehn Jahre vergangen. Jahre, in denen ich den ehemaligen Manager und späteren Schulgründer regelmäßig traf – in Deutschland, wenn er auf Vortragsreise war für seine Stiftung, um Spender einzuwerben, oder in Namibia, wo ich ihn mehrmals besuchte.

In dem 1920 Geborenen lernte ich über die Jahre einen Mann kennen, der in sich drei Persönlichkeiten vereint: den mit allen Wassern gewaschenen Macher; einen offenherzigen Jungen, der einen direkten Draht zur Außenwelt hat; und den weisen, alten Menschen. Er hat viel Humor und lacht gerne. Bleks ist sowohl ein Kopf- als auch ein Bauchmensch, und in seinem von Lebenslinien gezeichneten Gesicht sind seine Emotionen leicht abzulesen: Freude und Wut, Stolz und Verlegenheit, Abscheu und Zuneigung. Seine Augen sind tief, warmherzig und ruhig. Sie können einen verschmitzten Ausdruck bekommen oder auch den eines Jägers. Nicht aggressiv, aber bedingungslos zielfixiert. Helmut Bleks ist eine merkwürdige Mischung, faszinierend und fordernd, und für seine Mitmenschen sicher kein einfacher Zeitgenosse.

Seine Lebensleistung in Namibia ist bewundernswert: Bislang absolvierten eintausendfünfhundert Jungen und Mädchen die von Bleks gegründete Schule. Zusätzlich organisierte er für zweihundertfünfzig junge Frauen eine komplette Berufsausbildung im Hotelfach mit anschließender Job-Garantie: Tatsächlich kamen aus den bisherigen fünf Jahrgängen alle Absolventinnen in der boomenden Tourismusbranche Namibias unter.

Schon lange trieb mich die Frage um, woher dieser Mann über Jahre und Jahrzehnte den Mut und die Kraft nimmt, aus dem Nichts auf dem trockenen Land ein Schuldorf zu errichten und zu betreiben, eine Strom- und Wasserversorgung aufzubauen, dreißig Lehrern, vielen Mitarbeitern und Hunderten von Kindern dort ein Leben zu ermöglichen?

Diesen Menschen in seinen dynamischen, aber auch paradoxen Facetten, einen Mann einer Generation, die ausstirbt, diesen Menschen in den folgenden Tagen sprechen zu können, das finde ich spannend. Wie tickt so ein Mensch? Wie sieht er sein Leben? Was erinnert er? Wie erzählt er es? Was hat er vergessen? Wie reagiert er, wenn darauf angesprochen? Was waren die Erfolge? Was war der Preis? Welche Antworten wird er versuchen zu umgehen? Welche Antworten wird er gar nicht kennen? Diese Fragen gehen mir in diesem Dezember 2004 auf dem Flug nach Windhuk durch den Kopf.

Nachdem die Sonne aufgegangen ist, durchströmt der Duft von Kaffee die Kabine, und die Stewardessen verteilen das Frühstück. Unter uns kann man schon das weite afrikanische Land sehen, das sich, einer Mondlandschaft ähnlich, bis zum Horizont ausdehnt, wo es im Dunst verschwindet. Unterbrochen ist die Erdoberfläche von geraden Linien. Wie von einem Messer in hellbraunen Lack geritzt wirken die Grenzen der Farmen – fast fünftausend zählt das Land.

Nur hier und da werden die schnurgeraden Linien durchbrochen von einem ausgetrockneten Flussbett, das sich über alle künstlichen Grenzen hinwegschlängelt. Auch die breiteren, ebenfalls schnurgeraden Sandpisten für den Autoverkehr lassen sich aus der Luft gut erkennen.

Das Maschine fliegt einen Bogen, und man kann jetzt den schmalen, grauen Streifen sehen, der einsam im trockenen, weiten Land liegt: die Landebahn. An ihrem Rand sieht man auch schon das kleine Gebäude mit zwei Palmen davor. Wir sind auf dem internationalen Flughafen von Windhuk angekommen.

Als sich die Schiebetür zur Ankunftshalle öffnet, stehen sie vor mir: Helmut Bleks und seine Frau Gertraude (Traudel) mit strahlenden Augen. Beide etwa gleich groß, um einen Meter siebzig, leicht und praktisch gekleidet, er in khakifarbener Hose und Hemd mit gestreifter Krawatte, sie in heller Bluse und einem Sommerrock. Zwischen Reisenden, Koffern und rufenden Taxifahrern gibt es eine sehr herzliche Begrüßung. Helmut Bleks ist vierundachtzig Jahre alt, Gertraude achtundsiebzig. Alte Leute? Diese beiden nicht. Hinter ihnen liegen viele Höhen und Tiefen, die sie durchlebt und überlebt haben: Krieg und Armut, beruflicher Aufstieg, gesellschaftliche Anerkennung. Vor ihnen diverse Pläne. Jeder auf seine Weise lebt und arbeitet in erster Linie nicht für sich selbst. Ihr Tun dient anderen Menschen. Kann es sein, dass sie gerade daraus ihre Energie gewinnen, dass sie so zufrieden wirken und so zeitlos?

Während in Deutschland tiefster Winter herrscht, schlägt uns an diesem Dezembermorgen sommerliche Hitze entgegen, als wir aus dem Flughafengebäude in die namibische Sonne hinaustreten.

Traudel Bleks steuert uns im weißen VW-Jetta zur Bleks'-schen Farm Baumgartsbrunn. Durch die spröde, braune Landschaft geht die Fahrt ins Khomas-Hochland, ein Gebiet mit flachen Hügeln, mit Dornbüschen und den typischen breiten Kameldornbäumen, das sich im Westen der Hauptstadt bis zur Namib-Wüste vor der Atlantikküste hinzieht. Nach etwas mehr als einer Stunde Autofahrt taucht dann unvermittelt zwischen zwei Hügeln ein weißer Kirchturm mit rotem Dach auf. Wenige Minuten später fahren wir durch ein gemauertes Tor in das Schuldorf hinein. Ringsum verstreut stehen orangefarben gestrichene Häuser mit roten Blechdächern. Am Rande des Dorfes liegt die Kirche. Etwas tiefer ist der Sportplatz gelegen. Leider sind kaum Menschen zu sehen: Gerade haben die Sommerferien begonnen, wie man in Namibia die Ferien um Weihnachten herum nennt.

Wenige Autominuten vom Schuldorf entfernt liegt das kleine Farmhaus des Ehepaars Bleks. Dort sitzen wir am Abend zusammen auf ihrer Terrasse, von der aus man einen offenen Blick über die Buschsavanne hat, die sich in Wellen etwa zwanzig Kilometer bis zu einer klar erkennbaren Gebirgskette in der Ferne ausdehnt. Was mich tief berührt, ist die fast greifbare Stille der afrikanischen Wildnis. Nur das leise Rauschen des Windes wird aus der Ferne zu uns herübergetragen. Einzelne Vogelstimmen und das Zirpen der Grillen sind im Garten zu hören.

Ich bin in den siebziger Jahren in Ostafrika aufgewachsen und zur Schule gegangen. Seither sind mir der Kontinent, das Klima, das helle Licht und die Menschen heimatlich vertraut geblieben. Mit einem Campari-Orange in der Hand beobachten wir weidende Kudu-Antilopen und betrachten die untergehende Sonne, bis sie am höchsten Gipfel der Bergkette auftrifft. «So, und gleich rollt der Ball runter», bemerkt Helmut Bleks. Dann versinkt die Sonne hinter den Bergen und hinterlässt einen leuchtenden Himmel in Pastelltönen: weißgelb, pink und blau.

Später, als sich der funkelnde Sternenhimmel über uns wölbt, werden Erlebnisse und Pläne erzählt. Die Vergangenheit interessiert Helmut Bleks wenig: Kindheit und Krieg spielen in seinen Erzählungen eine geringe Rolle. Er lebt ganz in der Gegenwart und plant für die Zukunft.

Am nächsten Morgen fahren wir in «der Jetta», wie Traudel Bleks ihr Auto nennt, vierhundert Kilometer über die Städte Okahandja und Karibib nach Swakopmund an der Atlantikküste, einem kleinen, von deutschen Siedlern um die vorige Jahrhundertwende gegründeten Ort mit nur 18 000 Einwohnern. Die Küstenstadt wirkt mit ihren alten, im wilhelminischen Stil erbauten Häusern wie eine Filmkulisse. Oder eben wie ein realer Ort, der sich über hundert Jahre lang konserviert hat. Das Wetter hier ist merkwürdig: Es kann an einem Tag mehrmals von Sonne zu Nebel, von kühl zu heiß wechseln. Swakopmund, zwischen dem kalten Ozean und der heißen Namib-Wüste gelegen, ist ein Ort zwischen den Welten. Vielleicht fühlt sich auch deshalb das Ehepaar Bleks so wohl an diesem Platz. Seit einigen Jahren besitzen sie hier in der Nähe des Strandes eine kleine Ferienwohnung, in die sich die beiden regelmäßig zur Erholung zurückziehen.

In diesen Tagen habe ich mich im «Strandhotel» eingemietet, um von dort aus Helmut Bleks in seiner Wohnung zu besuchen und ihm meine Fragen in einer Reihe von langen Gesprächen zu stellen. Zeitweise kam auch Traudel Bleks hinzu und nahm an den Gesprächen teil. In diesen Gesprächen «reisten» wir von Ostpreußen, wo der in Berlin geborene Helmut Bleks in den zwanziger Jahren aufwuchs, über das Ruhrgebiet, wo er in den fünfziger und sechziger Jahren als Manager tätig war, bis nach Namibia, wo die Bleksens seit nunmehr fünfunddreißig Jahren leben.

Ich gebe das wieder, was mir Helmut und Traudel Bleks in diesen Dezembertagen in Swakopmund erzählt haben. Weitere Interviews mit ehemaligen Schülern von Baumgartsbrunn sowie eigene Beobachtungen und Recherchen mögen einen Eindruck vom Wirken dieses Mannes in Afrika geben, das, wie er immer wieder betont, ohne seine Frau nicht möglich gewesen wäre. Mein besonderer Dank gilt an dieser Stelle Helmut und Traudel Bleks, die sich voller Vertrauen auf dieses Buch-Projekt eingelassen haben.

KAPITEL 1

Die Vorgeschichte

Swakopmund, am 2. Dezember 2004. Vormittags

Am frühen Morgen war Nebel durch Swakopmund gezogen. Aber jetzt, auf meinem Weg vom Strandhotel zu Helmut und Traudel Bleks, über leuchtend grünen Rasen und vorbei an gewaltigen Palmen, brennt die Morgensonne von der einen Seite, während vom Ozean her ein leichter Wind kühlt.

Das Meer schimmert blau. Helmut Bleks steht mit dem Fernglas am Panoramafenster und schaut nach den Robben, die sich an der Mole sonnen. «Sind noch nicht so viele da», sagt er. Dann legt er das Glas beiseite und setzt sich in seinen Sessel. Die helle Dreizimmerwohnung ist sparsam eingerichtet. Im hinteren Bereich liegen die beiden Schlafzimmer, vorne die Küche mit einer Durchreiche zum Wohnraum. Die Decken sind niedrig und holzgetäfelt. An den weißen Wänden hängen abstrakte Bilder in starken Farben. Um den schlichten, großen Wohnzimmertisch vor dem Fenster gruppieren sich drei Ikea-Sessel und ein blaues Sofa. In der Ecke steht ein Spinnrad, das Traudel Bleks einmal gekauft hat. Während sie noch auf einem Spaziergang unterwegs ist, machen Helmut Bleks und ich es uns in der Sitzecke bequem. Der Tee ist schon fertig. Der alte Mann gießt ein und nimmt gleich zwei Stücke Zucker.

Er war gerade achtundzwanzig Jahre alt geworden, als er im November 1948 aus sowjetischer Kriegsgefangenschaft zurückkehrte. Schnell zog es ihn damals in den Ruhrpott. Warum gerade dorthin? «Ganz einfach, weil ich glaubte, dass im Ruhrgebiet zuallererst die Wirtschaft wieder angekurbelt würde und man dort am ehesten einen Arbeitsplatz finden könnte», antwortet er, und hier beginnen die Erinnerungen von Helmut Bleks.

Tante Friedchen und der Stacheldraht

Trotz seiner Hoffnung auf einen Arbeitsplatz im Ruhrgebiet verschlug es den jungen Mann zunächst für ein paar Monate nach Detmold. Hier hatte die damals zweiundzwanzigjährige Traudel Bleks bei einer Familie auf dem Land eine Anstellung als Kindermädchen gefunden. Das Paar, das noch im Krieg geheiratet hatte, konnte zwar nicht zusammenziehen, wollte aber zumindest so nah wie möglich beieinander leben. Zusammen mit zwei anderen jungen Männern, einem Kinderarzt und einem Architekten, wohnte Helmut Bleks in einem Zimmer zur Miete. «Die Hausbesitzerin hieß Tante Friedchen», erzählt Bleks. «Die liebte uns alle und war sehr reizend.» Tagsüber waren die drei Männer ständig auf Arbeitssuche. Helmut Bleks war für alles offen und fand zeitweilig einen Job als Fahrer einer Dampfwalze auf einer Straßenbaustelle.

«Es war eine nette Gemeinschaft bei Tante Friedchen», fährt Bleks fort, über sein Leben im Frühjahr 1949 zu berichten. «Wenn wir abends nach Hause kamen, fanden wir den Esstisch immer schön gedeckt vor, einwandfrei, mit Servietten und Blumen und einem Gedeck, das mindestens fünf Gänge vermuten ließ. Außerdem gab es ein extra Gedeck für einen nicht vorhandenen Gast – das machte Tante Friedchen immer so und folgte damit einer alten Sitte: für den Fall, dass ein Gast überraschend vorbeikam. Zuerst wurde ein Gebet gesprochen, dann sagte Tante Friedchen: Gesegnete Mahlzeit, und zwei Minuten später war alles aufgegessen. Das lag an den kleinen Portionen – mehr konnte man sich zu der Zeit gar nicht leisten», erklärt Helmut Bleks. Das Gedeck für das Fünfgängemenü war nur pro forma. Nach dem Essen räumten die Männer das benutzte und das unbenutzte Geschirr in die Küche. Das Gedeck für den nicht vorhandenen Gast wurde so, wie es war, zurück in den Schrank gestellt.

Eines Morgens klingelte es sehr früh an der Haustür. Wenige Minuten später stand Tante Friedchen vor Helmut Bleks' Bett und sagte: «Sie müssen mal runterkommen, da ist eine riesige Lieferung für Sie …»

«Bitte? Was ist es denn?», fragte er.

«Schauen Sie mal besser selbst …»

Als Bleks noch im Schlafanzug an die Haustür trat, traute er seinen Augen nicht: Der ganze Bürgersteig war voll mit etwa einhundert Rollen Stacheldraht. Auf der Straße stand ein Lkw mit offener Ladetür, daneben der Fahrer mit dem Lieferschein in der Hand. Es stellte sich heraus, dass die Rollen von Traudel Bleks' Vetter aus Hamburg stammten. Bleks erzählt: «Der hatte eine Vertretung für Stacheldraht, die Herstellerfirma hatte Pleite gemacht, und da hatte der Vetter wohl gedacht: Die Rollen schicke ich an Helmut und Traudel, die werden damit schon was anfangen können. Ich sagte zu dem Lieferanten: ‹Ich will die Rollen nicht haben, nehmen Sie die bitte wieder mit.›

‹Nee, das mach ich nicht. Was soll *ich* denn damit?›

‹Das weiß ich nicht, aber ich nehme sie nicht an.›

Der Mann wurde hochrot im Gesicht. ‹Entschuldigen Sie mal bitte: Heißen Sie Bleks? Also. Das hier ist bezahlt, und das wird bei Ihnen abgegeben!› Dann schlug er die Ladetür zu, stieg in seinen Lkw und fuhr davon.»

Noch am selben Vormittag kam Traudel zu Besuch. Die

junge Frau staunte nicht schlecht, als sie die Rollen auf dem Bürgersteig sah. Die nächsten Tage verbrachte das Paar damit, den Stacheldraht unterzubringen. «Zuerst haben wir das Zeug im Nachbarhaus deponiert, im ausgebrannten Keller eines Fotogeschäfts», berichtet Bleks. «Da kam man so rein, und wir haben den Besitzer vorsichtshalber gar nicht erst gefragt. Doch als der das bemerkte, mussten wir die Rollen wieder abholen. Überall, wo überhaupt Platz war, stellten wir den Stacheldraht ab. In den Tagen dachten wir nur noch an Stacheldraht, und nachts träumten wir davon, es war grauenhaft. Aber schließlich habe ich mir gedacht: Es hilft ja nichts, dann werde ich eben Vertreter für Stacheldraht.»

Der Kinderarzt und der Stier

In der Nachkriegszeit gehörten Bauern zu den wohlhabenden Menschen. So machte sich der junge Bleks auf, alle Landwirte in der Umgebung als Abnehmer von Stacheldraht zu gewinnen. Es gelang ihm, einige Bauern zu überzeugen, und so hatte er nach zwei Wochen die Hälfte aller Rollen verkauft.

Auf seinen Reisen als Stacheldrahtvertreter machte Helmut Bleks die Bekanntschaft mit einem besonders reichen Bauern. Ihn, so setzte er sich das Ziel, musste er unbedingt als Abnehmer gewinnen. Bleks erzählt: «Wie bei den anderen auch spazierten wir zusammen über seinen Hof, aber ausgerechnet ihn konnte ich nicht überzeugen. Stattdessen blieb der Mann plötzlich stehen und sagte unvermittelt: ‹Sagen Sie mal, verstehen Sie etwas von Landwirtschaft?›

‹Ja, warum?›

‹Kommen Sie doch mal mit in den Kuhstall, ich will Ihnen was zeigen.›

Jetzt war ich gespannt. Ich folgte dem Bauern in den Stall, bis wir vor einem ausgewachsenen Stier stehen blieben.

‹Na, was sagen Sie zu dem?›, meinte der Bauer stolz. ‹Ist doch ein anständiger Kerl, was? Der wiegt ja einiges! So, und jetzt kommen Sie mal nach hinten, hier, gucken Sie sich das mal an.›» Helmut Bleks sah eine Geschwulst so groß wie eine Faust. «Wissen Sie, was man da machen könnte?», fragte der Bauer.

Bleks überlegte schnell. Ihm fiel sogleich sein Mitbewohner, der Kinderarzt, ein, und so antwortete er dem Bauern: «Ich kenne da einen Arzt – einen Tierarzt. Der kann Ihnen sicherlich helfen. Soll ich den mal herbringen?»

«Ja! So schnell wie möglich!», freute sich der Landwirt.

«Aber dafür müssen Sie mir Stacheldraht abkaufen …»

«Na, gut. Aber da wollen wir erst einmal sehen, was Ihr Tierarzt leisten kann!», antwortete der Bauer.

Kurz darauf kamen Bleks und der Kinderarzt mit ihren Fahrrädern auf den Hof des reichen Bauern geradelt. Dass der Kinderarzt Angst vor Tieren hatte, wusste Bleks und hatte ihm deshalb von dem kranken Bullen erst gar nichts erzählt, sondern behauptet, es gehe darum, das Kind des Bauern zu kurieren. Als sie ankamen, stand der Landwirt schon in der Tür: «Ah!», machte er erfreut, «da ist ja der Tierarzt!»

Der Kinderarzt fuhr zusammen und glaubte, der Bauer habe einen Witz gemacht. Er lächelte etwas gequält und fragte: «Wo ist denn das Kind?»

Das verstand nun der Bauer als Witz. «Kommen Sie», lachte er. «Ich zeige Ihnen das *Kind*.»

Die beiden jungen Männer folgten dem Bauern über seinen Hof, und Bleks flüsterte dem Kinderarzt zu: «Du, krieg jetzt gleich keinen Schreck und improvisiere einfach. Der Bauer gibt uns 'ne Menge Geld, wenn du mitspielst.»

«Was ist denn eigentlich hier los?», wollte der Mediziner wissen. «Was soll ich denn im Kuhstall?»

Der Bauer führte Bleks und den Kinderarzt durch den Stall hindurch bis zum Stier. «Haben Sie schon mal ein solches Prachtexemplar gesehen?», fragte der Bauer den verängstigten Arzt stolz.

«Nein, nein …», stotterte der. In dem Moment flüsterte Bleks ihm zu: «Übrigens, das ist das Kind …»

Der Arzt wurde sofort kreidebleich: «Sag mal, bist du wahnsinnig?!»

«Was ist denn los?», fragte der Bauer.

Als von den beiden Männern keine Antwort kam, schlug er vor: «So, nun gucken Sie sich die Sache doch mal an.» Er führte die beiden ans Schwanzende des Stiers. Der Bauer zeigte auf die Geschwulst: «Kann man da was machen?»

«Das muss aufgeschnitten werden, oder?», sagte Bleks jetzt laut zu seinem Freund und sah ihn beschwörend an.

«Der hat innerlich gekocht», erinnert sich Helmut Bleks schmunzelnd. «Aber dann hat er sein Besteck ausgepackt und die Geschwulst aufgeschnitten, die Wunde sauber gemacht und Pflaster draufgeklebt. Der Bauer war sehr zufrieden: ‹So, und jetzt kommen Sie beide erst einmal mit ins Haus, es gibt noch einen Kaffee!› In der Küche roch es so schön nach gebackenem Brot, daran kann ich mich heute noch gut erinnern. Dieses Brot gab es dann mit Marmelade. Dazu der Kaffee – das war für uns damals geradezu ein Hochgenuss!»

Der Bauer dankte dem vermeintlichen Rinderarzt für seine Hilfe und honorierte die Behandlung großzügig. Bleks dankte er für die Vermittlung und kaufte ihm einige Rollen Stacheldraht ab. Von diesem Geld konnte es sich die kleine Gemeinschaft bei Tante Friedchen zehn Tage lang gut gehen lassen.

Der Vorstandsvorsitzende und die Enttäuschung

Nach einigen Wochen waren alle Stacheldrahtrollen verkauft. Eine neue Arbeit musste her. Im Sommer desselben Jahres 1949 machte sich Helmut Bleks auf nach Bochum. Er hatte vom «Bochumer Verein» gehört, einem der größten Stahlunternehmen im Ruhrgebiet. In der boomenden Stahlbranche hoffte der Neunundzwanzigjährige einen Arbeitsplatz finden zu können. «Zuerst fand ich heraus, wie der Chef des Unternehmens hieß, den wollte ich persönlich ansprechen», berichtet Helmut Bleks. Da er aber niemanden kannte, der ein Gespräch hätte vermitteln können, sah er seine Chance nur in dem Versuch, sich im Gebäude des Bochumer Vereins für Gussstahlfabrikation irgendwie bis zum Büro des Vorstandsvorsitzenden durchzufragen. Ohne Anmeldung ein heikles Unterfangen, denn einen Termin für ein Vorstellungsgespräch beim Vorstandsvorsitzenden würde ein ungelernter Arbeiter nicht bekommen. «An jenem Morgen überlegte ich mir, was ich anziehen sollte», erzählt Bleks weiter. «Das einzige einigermaßen erhaltene Kleidungsstück, das ich besaß, war ein Ledermantel. Er war deshalb ein kostbares Stück für mich, weil er alle Armut überdeckte. Ich zog diesen Mantel also über und ging los.»

Vor den Toren des Bochumer Vereins angekommen, zögerte Bleks. Konnte er sich das erlauben: einfach in die oberste Etage vordringen und um Arbeit bitten? Aber er sah keine andere Chance und ging geradewegs zum Pförtnerhäuschen. Schon der Pförtner wollte ihn nicht durchlassen. Zu wem er denn wolle, wurde er gefragt. «Zum Herrn Vorsitzenden Dr. Schily», antwortete er. Während der Pförtner in sein Häuschen ging und telefonierte, ist Bleks schnurstracks einfach vorbeigegangen. «Ich hatte das Gefühl, dass mich jeder in dem Gebäude anguckte», erinnert sich Bleks. Er fragte sich damals durch bis zum Vorzimmer von Franz Schily. Dort saß eine resolute Sekretärin, die gleich von ihrem Platz hinterm Tisch aufstand, als er eintrat: «Ja, bitte?»

«Ich würde gerne Herrn Dr. Schily sprechen.»

«Wie ist denn Ihr Name? Sind Sie angemeldet?»

«Bleks ist mein Name. Ich habe keine Anmeldung.»

Die Sekretärin machte ein entsetztes Gesicht: «Um Gottes willen! Zum Vorsitzenden ohne Anmeldung – nein, also das kommt überhaupt nicht in Frage. Wo kommen *Sie* denn her?»

«Ich war lange in Kriegsgefangenschaft in Russland …»

«Ach …», machte die Sekretärin. Sie bekam nun einen milderen Blick. Sie überlegte einen Moment und flüsterte dann: «Also gut, ich kann Sie nicht unangemeldet vorlassen. Aber wissen Sie was? Ich gehe jetzt raus, ich muss nämlich dringend mal wohin …»

«Verstehe …», flüsterte Bleks zurück. Die nette Dame warf im Rausgehen einen Blick auf die geschlossene Tür zum Vorstandsbüro und verschwand. Helmut Bleks atmete tief durch und klopfte dann an die Tür. «Herein», ertönte es dumpf. Bleks trat ein und sah hinter einem großen Schreibtisch, umgeben von Aktenbergen, den Vorstandsvorsitzenden, gebeugt über einen Stapel Papiere. Er las in Ruhe zu Ende und machte eine Notiz. «Wer sind denn Sie?», fragte er, als er überrascht aufsah.

«Mein Name ist Helmut Bleks …»

«Wie kommen Sie denn hier herein, wenn ich fragen darf?»

«Ich wollte mich eigentlich anmelden, aber im Vorzimmer ist niemand ...»

«Das ist ja merkwürdig», meinte Dr. Schily. «Na, worum geht es denn?›

«Ich wollte gerne eine Anstellung im Bochumer Verein», sagte Bleks.

Franz Schily klappte die Mappe zu und sagte dann freundlich und bestimmt: «Das ist aber eine ungewöhnliche Bewerbung ...»

«Ich kam hier gerade vorbei, und da dachte ich ...»

«Nun gut», meinte Dr. Schily. «Ich muss Ihnen aber gleich sagen, dass wir Einstellungsstopp haben.»

Schily nahm sich dennoch etwas Zeit und ließ sich von dem jungen Mann über die Gefangenschaft in Russland berichten und über dessen Vorstellungen davon, wie es nun weitergehen sollte. Er konnte jedoch leider gar nichts für ihn tun. «Obwohl die Begegnung spannend gewesen war, verließ ich das Büro doch enttäuscht», erinnert sich Helmut Bleks fast sechzig Jahre später.

Die ganze Aktion war allerdings nicht umsonst gewesen. Aber das sollte sich erst später zeigen.

Das Gartenhäuschen und der hohe Besuch

Nachdem Traudel Bleks ihre Tätigkeit als Kindermädchen aufgegeben hatte, zog das junge Ehepaar gemeinsam nach Bochum. «Alles, was wir besaßen, passte in zwei Rucksäcke», erinnert sich Helmut Bleks. «Wir hatten ja nichts zum Umziehen. Wir hatten nichts – und fühlten uns frei.» In der Wittener Straße wohnten sie ohne behördliche Erlaubnis in einem Zimmer unterm Dach.

Nach der Absage vom Bochumer Verein versuchte Bleks alles, um eine Arbeitsstelle zu bekommen. «Es war teuflisch in dieser Zeit», erläutert Helmut Bleks. «Wollte man Arbeit, musste man eine Wohnung nachweisen. Einen Wohnungsnachweis bekam man aber nur, wenn man eine Arbeit hatte. Man rannte hin und her, es war ein idiotischer Teufelskreis.» Schließlich fand er Arbeit auf einer Abbruchbaustelle. Bleks hatte in der Kriegsgefangenschaft Fähigkeiten als Maurer und Zimmermann erworben und konnte nun auf dem Bau daraus Nutzen ziehen. Dort arbeitete er ein Jahr lang.

Im Sommer 1950 war Traudel Bleks das erste Mal schwanger. Im richtigen Moment bekam das junge Paar ein überraschendes Angebot: «Es war eine Zeit, in der sich alle gegenseitig halfen», erinnert sich Helmut Bleks. «Da kam ein Freund, auch Heimkehrer, zu mir und meinte: ‹Du, hör mal. Ich habe in Bochum-Stiepel ein Grundstück. Dort wohne ich mit meinen Eltern, meiner Frau und meinen Kindern. Das ist ein großes Grundstück, und da ist im Garten eine Ecke, die kannst du haben. Bau dir doch ein kleines Haus da hin.›

Traudel und ich dachten, wie schön es wäre, wenn unser Kind in einem eigenen Häuschen aufwachsen könnte. Wir nahmen das Angebot an. Es war Hochsommer, zum Bauen eine günstige Jahreszeit. Am nächsten Tag habe ich meinen Chef gefragt, ob ich die abgetragenen Steine von der Baustelle abends, nach der Arbeit, mit nach Hause nehmen darf. Dann habe ich mir ein altes Fahrrad gekauft mit einem Anhänger und habe jeden Abend Mauersteine vier Kilometer nach Bochum-Stiepel gefahren. Traudel hat dort tagsüber im Garten gesessen und hat von den Steinen die Mörtelreste abgeschlagen und sie schön sauber aufgestapelt, wochenlang. Es war bezaubernd schön in dem Garten, und wir fieberten darauf hin, dass das Häuschen fertig würde. Abends haben wir Lichter angemacht und bis in die Nacht gemauert, gemauert, gemauert und nachher verputzt. Es entstanden ein kleines Wohnzimmer, ein Schlafzimmer und ein Bad. Von der Abbruch-Baustelle durfte ich später auch Waschbecken und Toilette mitnehmen. Die habe ich vorsichtig ausgebaut und in unserem entstehenden Häuschen wieder eingebaut.»

An einem sonnigen Samstag saßen Helmut und die mittlerweile hochschwangere Traudel Bleks im Garten und werkelten an dem Haus, als ein nobler Mercedes 300 vor dem Garten zum Stehen kam. Überrascht sahen die beiden auf. Ein Fahrer sprang heraus und öffnete die hintere Tür. Auf die Idee, dass der Besuch ihnen galt, kam das Ehepaar nicht. Doch dann traute Helmut Bleks seinen Augen nicht, als er den Mann erkannte, der aus der silbernen Limousine stieg. Es war der Vorstandsvorsitzende des Bochumer Vereins, Dr. Franz Schily, dem sich Bleks vor inzwischen einem Jahr vorgestellt hatte. Er wurde begleitet von einem Bekannten der Bleks: Fredel Bockemöhl. Von der gemeinsamen Bekanntschaft hatten Schily und Bleks bei ihrem ersten Zusammentreffen in Schilys Büro beide nichts geahnt. In der Zwischenzeit hatten Dr. Schily und Bockemöhl über den jungen Bleks gesprochen, die Lage beim Bochumer Verein hatte sich geändert, und Schily wollte Bleks nun eine Anstellung anbieten. «Er kam in den Garten», erzählt Helmut Bleks, «sah sich das entstehende Haus an und sagte schließlich: ‹Ich habe nochmal darüber nachgedacht: Wenn Sie wollen, können Sie gleich bei mir anfangen.›

Da habe ich gesagt: ‹Herr Dr. Schily, ich weiß Ihr Angebot sehr zu schätzen. Aber das möchte ich gerade jetzt noch nicht so gerne annehmen. Ich möchte erst einmal mein Haus fertig bauen, damit unser Kind in den eigenen vier Wänden groß werden kann. Das ist jetzt meine eigentliche Aufgabe, und wenn ich die gemacht habe, dann erst möchte ich gerne etwas Neues anfangen.›»

Schily und Bockemöhl blieben noch eine Weile im Garten, man trank einen Kaffee und verabredete, in Kontakt zu bleiben. Dann verabschiedeten sich die beiden, stiegen in den Mercedes und brausten davon. Eines Tages würde es doch noch zu einer Zusammenarbeit kommen.

Das Häuschen, das nur aus dem bestand, was Helmut Bleks auf der Abbruch-Baustelle aus den Trümmern eingesammelt hatte, wurde rechtzeitig fertig. Als die Tochter Angelika geboren wurde, konnte die kleine Familie einziehen. «Die Wandfarben waren noch ein bisschen nass, aber das machte nichts. Man hielt alle Fenster offen, rückte die Betten ein bisschen weg von der Mauer. So ging das gut», erinnert sich Helmut Bleks.

Eine gute Idee und der Beginn des Managerlebens

Im Jahr 1951 bekam Helmut Bleks Besuch von einem Freund, der die im Krieg zerbombten, aber in ihrer Grundstruktur erhaltenen kleinen und größeren Hallen der ehemaligen Bochumer Chemischen Werke Lothringen im Auftrag der Alliierten wieder aufbauen sollte. Dabei ging es nicht darum, das Chemiewerk wieder produktionsfähig zu machen, sondern man wollte an den alten Produktionsstätten neue Industriezweige ansiedeln. Natürlich sollte die Arbeit mit möglichst geringem Kostenaufwand erledigt werden. Der einunddreißigjährige Bleks sah sich das Gelände der zerstörten Werke an, stellte fest, dass die unterirdischen Leitungen aus Buntmetall waren, und hatte eine Idee. «Diese Leitungen wurden ja nicht mehr gebraucht, aber Stahlwerke, die suchten dieses Material fieberhaft», erklärt er. Der Hintergrund: Es gibt Hunderte verschiedene Stahl- und Eisensorten, die erst durch die Beimischung von Buntmetallen wie zum Beispiel Chrom, Nickel oder Kupfer ihre unterschiedlichen Qualitäten bekommen. Bleks' Gedanke war nun, diese aus der Erde zu holen und an die Großindustrie zu verkaufen. Mit den Erlösen könnte man dann die Hallen sanieren. Dem Freund leuchtete der Vorschlag ein, und Helmut Bleks bekam den Auftrag.

Gut ein Jahr war er mit dem Verkauf des Metalls und der Sanierung beschäftigt. In dieser Zeit hatte sich die Frage nach der weiteren Nutzung der Hallen gestellt. Dem jungen, gewieften Geschäftsmann war eine weitere Idee gekommen. Helmut Bleks richtet sich in seinem Sessel auf und erklärt: «Es gab damals im Ruhrpott nur Schwerindustrie. Man dachte darum intensiv über den Wiederaufbau des Mittelstandes und der Handwerksbetriebe nach. Ich wusste, dass es im Osten Deutschlands viele junge Unternehmer gab, die Betriebe aufbauen wollten, aber keine funktionsfähigen Gebäude fanden, weil noch alles zerbombt war. Diese Leute konnten wir vielleicht nach Bochum locken, indem wir ihnen ermöglichten, in einer der neuen Hallen für zwei Jahre ohne Raummiete zu produzieren. Und diese Betriebe würde man dann versuchen, in Bochum zu halten.» Mit diesem Vorschlag wandte sich Bleks an die Bochumer Stadtverwaltung. Die ließ sich überzeugen, und so reiste Bleks Richtung Osten. «Nicht alle, die ich dort ansprach, waren von meiner Idee angetan», erzählt Bleks. «Viele wollten den Umzug nach Bochum nicht in Kauf nehmen. Aber es gab auch andere. In Dresden fand ich zum Beispiel einen Glasbläser und habe zu ihm gesagt: ‹Ich kann dir Gas anbieten, ich kann dir Elektrizität anbieten, und ich kann dir zwei Jahre mietfreies Wohnen anbieten. Das ist die Zeit, die du brauchst, um deinen Betrieb aufzubauen. Du musst nur jetzt bald kommen.› – ‹Das mach ich›, sagte der prompt. Dann gab es den Besitzer einer kaputten Miederfabrik aus Leipzig. Dem habe ich gesagt: ‹Die Arbeitskräfte kann ich dir nicht bieten, die musst du schon selber finden, aber die Räumlichkeiten, den Strom und Mietfreiheit, das biete ich dir an. So kannst du deine Textilfabrikation wieder in Gang bringen.› Der ist dann nach Bochum gekommen und hat in einer der Hallen eine kleine Textilfabrik aufgebaut.»

Es kamen dann noch eine Papierfabrik hinzu, eine Maschinenfabrik, ein Holzgroßhandel, und schließlich waren alle Hallen mit mittelständischen Betrieben besetzt. «Das war eine der interessantesten Arbeiten in meinem Leben», resümiert der alte Bleks über fünfzig Jahre später an diesem Vormittag in Swakopmund.

In die Stille hinein klappt die Wohnungstür. Traudel Bleks ist von ihrem Spaziergang am Meer zurückgekehrt. «Kommt ihr voran?», fragt sie. «Helmut erzählt gerade, wie ihr nach seiner Rückkehr aus der Kriegsgefangenschaft versucht habt, wieder Fuß zu fassen», sage ich. Nachdem sie sich zu uns gesetzt hat, geht das Gespräch zu dritt weiter.

Während Helmut Bleks als Geschäftsmann unterwegs war, kümmerte sich Traudel Bleks zu Hause um die Kinder: Nach Angelika wurde 1953 die zweite Tochter Bettina geboren. 1955 folgte Sohn Michael und 1957 Matthias. Alle Kinder sollten auf eine Waldorfschule gehen. «Ursprünglich gab es in Bochum gar keine», sagt Helmut Bleks. «Wir waren aber interessiert an einer ganzheitlichen Schulbildung für unsere Kinder, und das ging anderen Eltern auch so. Da kamen viele zusammen und gründeten einen Waldorfschulverein, in dem auch wir Mitglied wurden. In Bochum entstand also eine Waldorfschule, auf die wir unsere Kinder schickten.»

«Wart ihr denn streng bei der Erziehung eurer Kinder?», frage ich. «Ich war ziemlich streng», antwortet Traudel Bleks. «Wenn man vier Kinder hat, geht es eigentlich auch nicht anders. Der eine muss pünktlich irgendwo sein, die andere muss sich unterdessen schon fertig machen, während die Dritte abgeholt werden muss, und der Vierte hat Zahnschmerzen und so weiter. So geht es den ganzen Tag.» Traudel Bleks stellt ihre Teetasse auf den Tisch und fügt dann hinzu: «Man muss gut organisieren, und da saß mir ab und zu auch die Hand etwas locker.»

«Ich war, glaube ich, nicht so streng», meint ihr Mann.

«Ja, Helmut, du hattest es ja auch einfacher», erwidert Traudel Bleks. «Tagsüber warst du in deinem Büro, und wenn du abends nach Hause kamst, freuten sich die Kinder und du auch. Und dann habt ihr erst einmal gespielt ...»

«Es ist komisch», erinnert sich Traudel Bleks dann: «Bei jeder Schwangerschaft gab es für uns einen neuen Lebensabschnitt: 1950, als Angelika geboren wurde, waren wir in unser Häuschen im Garten gezogen. Als Michael kam, zogen wir um in ein neues, großes Haus. Und 1957, als Matthias geboren wurde, fing Helmut im selben Jahr dann bei Alfred Rexroth an.»

Rexroth – der Name sollte im Leben von Helmut Bleks eine große Rolle spielen ...

Der Industrielle Alfred Rexroth und die soziale Ader

Helmut Bleks war im Jahr 1953 doch noch von Franz Schily zum Bochumer Verein geholt worden. Im Jahr 1955 jedoch gab es einen tragischen Autounfall, bei dem Dr. Schily und seine Ehefrau ihr Leben verloren. Bleks blieb zunächst beim Bochumer Verein, wo er im Außendienst arbeitete. 1957 trat wieder eine berufliche Wende im Leben des damals Siebenunddreißigjährigen ein. Bleks erzählt: «Konrad Schily, der jüngste Sohn von Franz, kam von einem Besuch beim Eisen- und Stahlunternehmer Alfred Rexroth aus Lohr am Main zu mir und sagte, der Mann wolle mich gerne mal kennen lernen. Die Herren hatten bei einer Unternehmertagung über Nachwuchskräfte gesprochen, und da war offenbar auch von mir die Rede gewesen. Die Firma Rexroth war ein Familienunternehmen am Ostrand des Spessart. Ursprünglich war es ein kleines Hammerwerk gewesen, mittlerweile hatte es viele tausend Mitarbeiter. Es gehörte den Brüdern Alfred und Ludwig Rexroth. Der eine machte die Gießerei, der andere die Maschinenfabrik.»

Alfred Rexroth und Helmut Bleks verstanden sich auf Anhieb. Wenige Wochen später gehörte Bleks zum Unternehmen, für das er in verschiedenen deutschen Großstädten Vertretungen aufbaute. «Ich lebte eigentlich im Auto», erzählt Bleks. Doch seine Arbeit machte ihm Spaß. Außerdem entwickelte sich ein freundschaftliches Verhältnis zu Alfred Rexroth, dessen Lebensweise und Einstellung ihm imponierten und zum Vorbild wurden. «Eigentlich mochte ich den Rexroth von dem Moment an, als ich erfuhr, dass er sein Haus am Wald um einen Baum herumgebaut hatte, weil er keine Bäume fällen mochte», sagt Helmut Bleks. «In dieses Haus war ich eines Tages eingeladen. Als ich die Eingangshalle betrat, stand ich plötzlich vor einem dicken Baumstamm! Und wenn man genau hinschaute, sah man, dass der Stamm sich bewegte. Der wuchs oben durchs Dach, das Dach war um ihn herumgebaut, mit Gummimanschetten versehen, sodass der Stamm genügend Spielraum hatte. Draußen breitete sich dann die Krone aus und legte sich über das Haus», erinnert sich Bleks und fährt fort: «Alfred Rexroth war ganz still und in sich gekehrt und bescheiden. Ein gut aussehender Mann. Wenn er etwas sah, das ihm nicht gefiel, wollte er es neu und besser machen. Er lebte in der Vorstellung, dass die Welt verbessert werden müsse. Man müsse nicht bei den Maschinen und der Produktion anfangen, sondern bei den Menschen. Die müssten glücklich sein, dann würde alles andere von alleine gehen. So war seine etwas naive, aber wunderschöne Einstellung.»

Aus einem späteren von Alfred Rexroth geschriebenen Zeugnis geht hervor, dass Helmut Bleks «in kürzester Zeit eine ungemein erfolgreiche Vertretung in den Räumen Ruhrgebiet, Hamburg und Berlin auf- und ausgebaut» hatte. Einige Jahre später, in denen Bleks die Geschäfte von Rexroth in dessen Sinne führte, wurde er sein Generalbevollmächtigter. Rexroth schreibt hierzu in einem weiteren Zeugnis: «Für meine Vermögensverwaltung und Vermögensanlage in Firmen und in meiner Entwicklungs- und Vorstandsgesellschaft habe ich Herrn Bleks in meine persönlichen Dienste genommen. Diese sehr umfangreiche und schwierige Arbeit hat Herr Bleks mit außerordentlichem Geschick zu meiner vollsten Zufriedenheit betrieben, ich kann deshalb Herrn Bleks nur uneingeschränkte Anerkennung und meinen Dank dafür aussprechen.»

Was war für Helmut Bleks beispielhaft an der Arbeit für Alfred Rexroth? Es war das soziale Gewissen des Unternehmers. «Du kannst so viele Fabriken bauen, wie du willst», sagte Rexroth seinem Generalbevollmächtigten. «Ich verlange nur, dass diese Betriebe, die du baust, sich auch verantwortlich fühlen für das soziale Leben im Staat.» Ein Drittel aller Gewinne, so bestimmte der Unternehmer, sollte in den Bau, Ausbau oder in die Unterstützung von sozialen Einrichtungen fließen. «Das wurde dann auch so gemacht», erklärt Helmut Bleks. «Von dem vorgesehenen Drittel der Gewinne der Rexroth-Fabriken bauten wir Behindertenheime, Altersheime, Kindergärten und eine Kirche. Es wurden auch Schulen gebaut, zum Beispiel die Waldorfschulen in Bochum und Wuppertal, außerdem wurde eine Schule für Contergan-Geschädigte bereits zu einem ganz frühen Zeitpunkt des Medikamentenskandals unterstützt.

«Aber, er war nur noch unterwegs, da habe ich mir schon ein bisschen Sorgen gemacht», wirft Traudel Bleks an dieser Stelle ein. «Mein Vater hatte schon immer gesagt: ‹Der Helmut hat sein Lebenslicht an beiden Enden angezündet …›»

«Es ging aber auch nicht anders damals», antwortet ihr Mann. Und als Zuhörer hat man den Eindruck, Bleks sei ein Mensch, der wirklich nicht anders kann, als in Aktion zu sein. Früher wie heute.

Clown Waudi und die Diskussionsrunden

Das neue und größere Bochumer Haus, in das die Familie Bleks 1955 gezogen war, war ein offenes Haus. Häufig kamen Gäste zu Besuch, blieben einige Tage oder lange Abende. In den sechziger Jahren organisierte Helmut Bleks jeden Monat eine kulturelle Veranstaltung: eine Lesung, ein kleines Konzert oder eine Diskussionsrunde. «Es wurde viel diskutiert in jener Zeit», erinnert sich Bleks. «Viele Unternehmer haben sich mit der Frage befasst, ob der Eigentumsbegriff, den wir in Europa hatten, noch zeitgemäß sei. Ist es zeitgemäß, dass ein Mann eine Fabrik besitzt, in der fünfzehntausend Menschen arbeiten, dass der Mann viel Geld verdient, aber die Arbeiter am Gewinn nicht beteiligt sind? Es wurde immer mal wieder überlegt, ob man die Arbeiter nicht doch am Eigentum beteiligen sollte. Doch, hieß es dann, wenn die Arbeiter Mitbesitzer würden, müssten sie natürlich auch mitverantwortlich sein. Daran ist es dann meistens gescheitert. Aber eine Möglichkeit schien zu sein, dass man das Eigentum einer Stiftung zuführt. Das Eigentum als Stiftung, aufgeteilt auf viele Stiftungsnehmer, die alle kein Eigentumsgefühl haben.» Diese Idee sollte Helmut Bleks später in seinem zweiten Leben in Afrika verwirklichen.

Helmut Bleks lacht, als ihm folgende Geschichte einfällt: «Ich hatte mal einen Clown kennen gelernt: Waudi. Dem vermittelte ich einen Platz in einem der von uns gebauten Spastikerheime. Traudel und ich sahen uns das manchmal an, wenn er vor den Kindern mit seinen beiden Puppen Waudili und Wauwaudili kleine Stücke aufführte. Was mich immer so berührt hat, war die Reaktion der kranken Kinder. In dem Moment, in dem die Puppen auftauchten, wurden sie ruhig, und ich hatte wirklich den Eindruck, sie waren von ihrer Krankheit befreit. Das hat mich so sehr beeindruckt, dass ich eines Tages beschloss, den Clown Waudi mal vor einer Gruppe von unseren Managern auftreten zu lassen, damit sie eine Vorstellung davon bekamen, was in den Heimen, die wir gebaut hatten, geschieht. An einem Abend kamen sie nun zu uns nach Hause. Aber es kamen nicht nur sie, sondern auch noch etliche Großindustrielle, die bei uns im Wohnzimmer auftauchten. Als die alle da saßen, wurde mir plötzlich ganz anders, und ich dachte: Was hast du nur gemacht? Aber nun war es ja zu spät. Ich gab also eine kleine Einführung, erzählte, dass dieser Clown sein ganzes Leben dafür gibt, kranke Kinder zu unterhalten und ihnen etwas Glück zu schenken. Danach kam der Waudi und wurde von den Männern – alles knochentrockene Ruhrpottler – auch höflich empfangen. Er spielte mit den Puppen kleine Schauspiele. Ab und zu schaute ich unauffällig zu den Männern rüber und stellte fest, dass sie alle völlig gebannt dasaßen. Und mittendrin fragte der Clown, genau wie sonst bei den Kindern, plötzlich: ‹Hört ihr denn auch alle gut zu?› Und da antworteten die Männer ganz ernst mit ihren brummigen Stimmen: ‹Ja, also, selbstverständlich! – Warum denn nicht? – Aber natürlich!› Nach der Vorführung haben sich die Herren beim Clown bedankt und gingen beseelt nach Hause.»

Ein Schock und eine neue Erkenntnis

Nach fünfzehn Jahren im Management forderte das rastlose Leben an einem Sonntag im Mai 1969 seinen Tribut. Es kam zu einer unvorhergesehenen, entscheidenden Wende im Leben von Helmut und Traudel Bleks. Ich frage Traudel Bleks, ob sie sich an den Moment erinnern könne. «Ja, natürlich», antwortet sie. «Das kam ganz plötzlich. Wir saßen am Nachmittag im Garten, und Helmut hatte eine Zigarette geraucht. Unsere Nachbarn waren zu Besuch mit ihrem Jungen. Ich unterhielt mich gerade mit den Eltern, und Helmut spielte mit dem Kind. Er warf es immer wieder hoch und fing es auf, und auf einmal ist es passiert. Er stellte den Jungen auf den Boden, kam zu mir und sagte: ‹Ich muss rauf, mir geht's nicht gut.›»

«Als der Junge in der Luft war», erinnert sich Helmut Bleks, «spürte ich plötzlich einen stechenden Schmerz. Ich wollte die Gesellschaft nicht stören und bin dann die Treppen rauf auf allen vieren in mein Zimmer gekrochen und hab mich hingelegt. Der Einzige, der es gemerkt hat, war Michael, unser ältester Sohn. Der war damals vierzehn. Er kam hinterher und fragte: ‹Vati, was ist denn?›

Da spürte ich dann den berühmten eisernen Ring, der sich um die Brust legt, und man kann nicht richtig atmen. ‹Du, ich glaube, das ist ein Herzinfarkt›, meinte ich. Michael legte beide Hände auf meine Brust, und immer, wenn mein Herz aufhörte zu schlagen, schrie er mich an: ‹Vati! Vati!›

«Währenddessen habe ich versucht, einen Arzt zu rufen», erzählt Traudel Bleks. «Ich war ja auch hilflos, ich wusste nicht, was man in so einer Situation macht. Gott sei Dank erreichte ich dann den Peter Schily, der war unser Hausarzt. Der kam und hat gleich den Krankenwagen bestellt. Dann wurde Helmut auf eine Trage gelegt und weggetragen. Der Peter Schily hatte dafür gesorgt, dass Helmut gut unterkam im Krankenhaus Bergmansheil. Die stellten alle möglichen Untersuchungen an. Das ging über Tage, und es hieß, Helmut müsse einige Wochen dort bleiben. Wir hatten alle Angst, weil wir nicht wussten, wie es weitergehen würde.»

«Heute wäre man schneller wieder aus dem Krankenhaus raus, aber damals war das noch so», sagt Helmut Bleks. «Ich blieb sechs Wochen. Ich lag da und fühlte mich gar nicht wohl. Eines Tages ging die Tür auf, ein junger Mann kam rein mit einem Eimer in der Hand und einem Lappen und sagte: ‹Tag, ich wollte hier nur die Fenster putzen.› Dann fing der an, die Fenster zu putzen. Und ich fragte ihn: ‹Wo kommen Sie denn her? Sind Sie hier angestellt, oder ist das eine Privatfirma?›

‹Wir sind eine Privatfirma, wir putzen immer die Scheiben. Ich komm von oben.›

‹Was ist denn da oben?›

‹Ja, da wohnen auch Kranke, so wie hier.›

‹Was haben die denn?›

‹Da sind lauter Leute, die hatten einen Herzinfarkt.›

‹Ach ne›, sag ich.

‹Ja, ja, die sterben alle›, meinte er und fragte: ‹Was haben Sie denn?›

‹Ich habe auch einen Herzinfarkt›, antwortete ich.

‹Oh!›, meinte der Mann. ‹Manchmal überleben auch welche …›»

«Was ist dir denn in jenen Wochen, als du untätig im Krankenhaus liegen musstest, durch den Kopf gegangen?», frage ich den alten Bleks.

«Na ja», meint er. «In solchen Momenten macht man sich doch Gedanken über den Tod und über das Leben … Vor dem Tod habe ich seit dem Krieg keine Angst mehr gehabt.»

«Und vor dem Leben?»

«Nein», sagt er. «Aber man denkt über das Leben nach. Jedenfalls war das bei mir damals so. Ich glaube ja nicht an Zufälle, sondern an Fügung. Ich glaube an eine höhere Intelligenz, die allem Leben auf dieser Welt zugrunde liegt. Wenn man sich die Natur ansieht, wie alles wächst, die Blumen im Garten, die Tiere, die kleinen Kinder, oder wenn man den Sternenhimmel betrachtet und sieht, wie sich das ganze Firmament im Laufe einer Nacht bewegt, dann denke ich unweigerlich, dass hinter allem ein großer Plan liegen muss und dass alles voneinander abhängig ist. Im Leben bewegen sich die Dinge aufeinander zu, und man hat die Wahl, ob man das, was auf einen zukommt, annimmt oder nicht. Ich habe mich eigentlich immer dafür entschieden, die Dinge anzunehmen. Es sind solche Gedanken, die einem in so einer besonderen Situation durch den Kopf gehen.»

Im Anschluss an die Wochen im Krankenhaus fuhr der damals Neunundvierzigjährige zur weiteren Erholung in ein Sanatorium am Bodensee. Sechs Wochen später war er wieder einigermaßen gesund und konnte zurückkehren nach Bochum. Körperlich war er wieder in Ordnung. Aber es waren andere, schwerwiegende Probleme aufgetreten. «Ich hatte es zunächst gar nicht so bemerkt», meint Bleks. «Aber als ich wieder ins Büro ging, merkte ich, dass irgendetwas mit meinem Gedächtnis nicht stimmte. In der Konferenz wurde ich freundlich begrüßt: ‹Schön, dass Sie wieder da sind, Herr Bleks!› Ich freute mich auch. Aber dann ging die Sitzung los. Ich sah die anderen Teilnehmer an und hörte, was sie sagten, aber ich verstand überhaupt nicht, wovon sie sprachen. Ich fragte also nach und sah plötzlich verwunderte Gesichter. Da wusste ich, dass irgendetwas nicht stimmte, und hab dann für den Rest der Konferenz so getan, als sei alles klar, und war froh, wenn ich nichts gefragt wurde. Ich habe mir dann später die Protokolle geben lassen. Dort las ich alles nach und verstand es dann. Aber schon am nächsten Tag war auch das wieder weg.

Als ich einmal allein in meinem Büro saß, versuchte ich mich in Ruhe an früher zu erinnern, an die Kindheit. Ob das funktionieren würde? Ich hatte große Angst, dass alles weg wäre. Ich konzentrierte mich und sah dann die wunderschöne, weite Landschaft Ostpreußens vor mir, ich überlegte und erinnerte mich an jedes Detail aus unserer Umgebung. Da fiel mir wirklich ein Stein vom Herzen! Ich sah den Hof meiner Großeltern in Ostpreußen klar vor mir, sah die Windmühle vom Nachbarn, ich konnte mich noch genau an die Geräusche und die Gerüche erinnern. Die Kindheit war komplett da. Das Langzeitgedächtnis also funktionierte, es war wunderbar.

In dem Moment klopfte es an der Tür. Ein Mitarbeiter trat ein mit einem Plan in der Hand: ‹Ich hoffe, ich störe nicht›, sagte er. ‹Ich wollte nochmal mit Ihnen über die Finanzierung der Fabrik in Berlin sprechen, das ist vorhin in der Besprechung zu kurz gekommen. Sie wissen ja Bescheid.›

‹Ja, natürlich!›, sagte ich. Dann legte er mir sein Konzept dar. Ich versuchte krampfhaft, mich an die Besprechung zu erinnern. Aber ich kam einfach nicht dahinter, worüber der

Mann sprach. Offenbar war mein Kurzzeitgedächtnis weg. Über das Gespräch versuchte ich neu zu entwickeln, worum es ging. Das klappte einigermaßen. Der Mitarbeiter hat nichts bemerkt, glaube ich jedenfalls. Nachdem er mein Büro verlassen hatte, sah ich in die Akten und verstand im Nachhinein, was er meinte.

So machte ich das dann auch in den nächsten Tagen, und dann entwickelte es sich automatisch so, dass meine ganze Arbeit geteilt war zwischen dem, was ich hörte, und dem Nachlesen alter Protokolle. Wir hatten eine gute Sekretärin, daher waren die Protokolle immer vollständig und sofort auffindbar. Monatelang konnte ich mich in der Weise ganz gut arrangieren. Das klappte so, dass es keiner gemerkt hat – oder nur wenige gemerkt haben. Einige Freunde haben es doch gemerkt. Aber ich bekam Angst. Was passiert nur, wenn es schlimmer wird, wenn du langsam dein Gedächtnis verlieren solltest? Die Monate vergingen, es wurde nicht besser. Die Angst wurde qualvoll. Das habe ich natürlich allen verschwiegen und war ganz niedergedrückt.

Als ich wieder mal bei meinem Professor war, der Bescheid wusste, sagte der: ‹Herr Bleks, hören Sie doch mit der Arbeit hier auf, Sie machen sich doch unglücklich. Gehen Sie weit weg von all diesem geschäftlichen Getriebe! Gehen Sie weit, weit weg, am besten auf die andere Seite der Erde. Die Menschen hier, die fressen Sie auf.›»

Helmut Bleks macht eine kleine Pause. Dann sagt er: «Das war nach vielen Überlegungen dann der eigentliche Grund, der mich bewogen hatte, nun wirklich Schluss zu machen. Ich sprach mit Traudel, und wir begannen, ernsthaft an Auswanderung zu denken. Unsere Töchter hatten schon oder machten gerade Abitur, die wollten danach ohnehin studieren, die Jungs würden mitkommen. Wahrscheinlich fänden sie es sogar spannend, ein paar Jahre in einem anderen Land zu leben.»

In derselben Zeit machte ein Freund der Familie dem Ehepaar Bleks den Vorschlag, sich das Land Namibia, das damals Südwestafrika genannt wurde, anzusehen. «Er kam gerade von dort und schwärmte von der Weite, der Natur und den wenigen Menschen. Traudel und ich entschieden uns, seinem Vorschlag zu folgen und dieses Land als ein mögliches Auswanderungsziel anzuschauen.»

Im April 1971 war es dann so weit: Das Ehepaar Bleks und der vierzehnjährige Sohn Matthias bestiegen ein Flugzeug und flogen nach Südwestafrika.

KAPITEL 2

Umzug nach Afrika

Swakopmund, am 2. Dezember 2004. Nachmittags
In der Bleks'schen Wohnung in Swakopmund ist die Stille greifbar. Helmut Bleks hatte sich während der langen Mittagspause in ein Buch vertieft: «Das Parfüm» von Patrick Süskind. Es liegt noch aufgeschlagen auf dem Tisch, daneben die Lesebrille des alten Mannes. «Ich hab's auch mal angefangen, aber mir ist es zu grausam», meint Traudel Bleks. Sie steht mit dem Fernglas am Fenster und schaut zur Mole. Dort haben sich viele Menschen versammelt und blicken gespannt auf die Bucht, in der zwei Flossen kreisen. Die Badenden sind aus dem Wasser geflüchtet. «Gibt es viele Haie in Swakopmund?», frage ich. «Nein. Nur ganz selten», antwortet Traudel Bleks. «Aber das hier sind wohl Delphine», vermutet sie. «Die kommen öfter, und das ist dann jedes Mal ein Ereignis.» Im nächsten Moment springen zwei Delphine parallel aus dem Wasser und durchkreuzen das Hafenbecken. Drei weitere Grüppchen kommen hinzu. «Delphine sind gern in Gruppen», sagt Helmut Bleks. Er sieht hin, aber nicht lange. Die Sonne spiegelt sich auf dem Wasser und wirft ein grelles Licht. «So bin ich vor zwei Jahren auf meinem rechten Auge erblindet», sagt er.

«Was war denn passiert?», frage ich ihn.

«Ich kam aus dem hinteren Bereich der Wohnung und wollte nach den Robben sehen. Ich guckte ins Licht … und plötzlich verdunkelte sich alles. Ich tastete mich zu meinem Schlafzimmer und legte mich mit geschlossenen Augen aufs Bett. Ich dachte, es würde sich schon von allein regeln. Aber als ich später die Augen wieder öffnete, sah ich nur noch die Hälfte. Wir fuhren zum Arzt, aber da war nichts mehr zu machen. Es sei eine plötzliche, einseitige Erblindung durch Verschluss der Zentralarterie der Netzhaut eingetreten, sagte uns der Arzt. Wir erfuhren, dass man nur dann eine kleine Chance hat, die Zellen der Netzhaut zu retten, wenn man sofort handelt. Bei mir war es zu spät. Ich musste lernen, mit nur einem Auge zu sehen», erzählt Bleks äußerlich ungerührt und erklärt: «Ein Auge kann erstaunlich viel übernehmen und ausgleichen. Aber die Dreidimensionalität, die ist dahin.»

Die Ankunft in Afrika und die Suche nach einer Farm

Es sind mittlerweile fünfunddreißig Jahre vergangen seit dem Herzinfarkt und dem Entschluss, ein neues Leben weit weg von Deutschland, vor allem aber fernab der Managerwelt, zu beginnen.

«An einem Morgen im April 1971 landeten Traudel, Matthias und ich in Windhuk», erinnert sich Helmut Bleks. «Der Freund, der uns Namibia empfohlen hatte, hieß Dieter Lauenstein, und der wiederum hatte uns bei seinen Freunden angemeldet: Kiekebusch hieß das reizende Ehepaar, das eine Farm im Khomas-Hochland besaß. Wir blieben einige Wochen bei ihnen, und wenn sie in Windhuk oder in anderen Teilen Namibias zu tun hatten, sind wir mitgefahren. Das war gut, weil wir auf diese Weise viel von dem Land sehen konnten. Wir haben uns dort von Tag zu Tag wohler gefühlt. In der Zeit, in der wir uns auf der Farm im Khomas-Hochland aufhielten, sind Traudel und ich gegen Abend, wenn es schön war, in den Hügeln spazieren gegangen. An einem Tag, an dem es sehr heiß und erst am Nachmittag etwas abgekühlt war, sind wir drei, vier Kilometer durch die trockene Buschsavanne gelaufen. Wir hatten nicht bemerkt, dass wir uns längst auf dem Gebiet der Nachbarfarm befanden. Auf einer Anhöhe sahen wir einen einsamen großen Kameldornbaum, breit ausladend. Das ist eigentlich eine Giraffenakazie, aber in Namibia nennt man ihn Kameldornbaum. Zu dem spazierten wir hin, weil wir glaubten, von dort oben einen weiten Blick zu haben. Wir setzten uns auf die warme Erde und lehnten uns an den Baumstamm. Von diesem Platz aus hatte man tatsächlich einen wunderbaren Blick über die Savanne, über der in dem Moment schon die Sonne sank. Auf einem gegenüberliegenden Hügel sah man Rinder grasen. Dazu kamen einige Kudu-Antilopen, die sich ebenfalls grasend fortbewegten, ganz langsam. Es herrschte ein unendlicher Frieden. Diese Weite und dazu die Stille und die Harmonie der Farben; mich überkam eine große innere Ruhe – ein Zustand, den ich aus meinem bisherigen Leben in Deutschland gar nicht kannte. Ich genoss es zutiefst», erinnert sich Bleks.

«Während wir da saßen», sagt Traudel Bleks, «dachte ich auf einmal: Wäre das nicht schön, hier unter diesem Baum ein kleines Haus zu bauen und an diesem Platz zu leben?»
«Genau so hat Traudel das dann ausgesprochen», sagt Bleks. «Und ich dachte: Das stimmt. Hier stimmt einfach alles. Als wir am Abend mit dem Ehepaar Kiekebusch vorm Kamin zusammensaßen, erzählten wir von dem Baum. Die wussten gleich, welche Stelle wir meinten, und der Kiekebusch erklärte: ‹Die Farm heißt Baumgartsbrunn. Da lebt der Louis Chor. Sie können ja mal fragen, ob der verkauft. Ich kenne einen guten Makler …› Traudel und ich sahen uns an und dachten sofort: Das werden wir mal versuchen! Dass tatsächlich genau diese Farm zu verkaufen wäre und dass die Idee – ein Haus unter dem großen Kameldornbaum –, dass das Wirklichkeit werden könnte, das konnten wir uns aber nicht wirklich vorstellen.

Am nächsten Tag rief der Makler schon am Nachmittag wieder zurück: Ja, der Inhaber sei zum Verkauf bereit, wir sollten ihn bitte noch am selben Abend in seinem Haus besuchen. Mensch, dachte ich, das gibt es doch gar nicht!

Hoch gespannt fuhren wir über das hügelige Gelände

auf die Nachbarfarm bis zu dem kleinen Häuschen, in dem der Besitzer lebte. Als die Tür sich öffnete, standen wir einem kleinen, alten Menschen gegenüber mit einem gütigen Gesicht. Es war Louis Chor. Der Mann lebte seit vielen Jahren in Namibia. Er war Jude, kam aus Israel und wollte wieder dorthin zurück. Deswegen war er bereit, seine Farm zu verkaufen, die einst nach einem Herrn Baumgart benannt wurde, der dort Brunnen für den Garten- und Gemüseanbau geschaffen hatte. Wir saßen lange bei ihm auf der Terrasse, und er gab im Gespräch zu bedenken: ‹Warum wollen Sie in dieses harte Land? Es gibt nur zwei Möglichkeiten: Entweder man liebt es, oder man hasst es. Wenn Sie es lieben, dann verstehe ich das natürlich. Aber Sie sollten sich Ihres Gefühls da sehr sicher sein, damit Sie auch die Durststrecken durchstehen.› Er erzählte von seiner Tätigkeit als Rinderfarmer. Er kaufte die Tiere, ließ sie auf seiner Farm stehen, bis sie dick und rund waren, und verkaufte sie dann wieder mit Gewinn. Vier Farmarbeiter waren bei ihm beschäftigt. ‹Ich würde Ihnen die Farm verkaufen›, sagte Louis Chor dann, ‹aber nur unter der Bedingung, dass Sie meine Arbeiter übernehmen.› – ‹Selbstverständlich›, sagte ich. Das war uns ja sehr recht. Louis Chor hat dann einen Preis genannt, der verhältnismäßig günstig war. Wir verabredeten etwas Bedenkzeit und wollten uns bald wieder melden.

Zufrieden kehrten wir zu den Kiekebuschs zurück. In den nächsten Tagen stellten Traudel und ich uns ein Leben als Rinderfarmer in Namibia vor. Eigentlich waren wir in dem Moment, als wir Louis Chors Haus verlassen hatten, schon mit allem einverstanden gewesen. Aber vorsichtig, wie wir Deutschen ja sind, wollten wir uns zur Sicherheit trotzdem noch zwei, drei weitere Farmen in Namibia ansehen, zum Vergleich. Außerdem mussten wir uns über die Konsequenzen eines solch grundlegenden Entschlusses für uns und die Kinder ganz klar werden. Bei unserer Abreise in Bochum hatten wir ja nicht damit gerechnet, Rinderfarmer zu werden.

Unsere weiteren Recherchen führten uns zu einer Farm im Norden von Namibia, auf der ein seltsamer General lebte. Er war pensioniert. Seine Frau, eine schneidige, starke Person, nannte er ‹Pistolen-Lilly›. Die Farm war nicht besonders schön, aber eine Sache habe ich bis heute nicht vergessen: Wir standen bei dem General auf der Terrasse, schauten in die Ebene hinaus, als ein Buschmann mit einer großen Schafherde vorbeikam. Da rief der alte General diesem Mann zu: ‹Na, Sammy, alles klar?›

Und der rief zurück: ‹Ja, Mister!›

‹Fehlt keins?›

‹Nein, Mister!›

Da sagte ich: ‹Hat der etwa alle gezählt, kennt der alle seine Schafe?›

‹Ja, der kennt sie alle›, antwortete der General. ‹Hätte eines gefehlt, das hätte er sofort gesehen.› Das war ein starker Eindruck für mich. Sammy zählte nicht Tier für Tier durch, aber er erfasste intuitiv, ob seine Herde vollzählig war. Und diese Erfahrung habe ich später oft selbst gemacht mit unseren eigenen Farmarbeitern – es stimmte immer. Der General erzählte uns, Buschleute hätten früher Paviane ausgebildet, die auf die Schafherden aufpassten. Das habe auch funktioniert. Die Affen saßen oben auf dem Felsen und überblickten die Herde. Und wenn die Schafe weglaufen wollten, rasten die Affen los und scheuchten die Schafe wieder zurück. Und die Schafe parierten. Da diese Paviane viel schneller sind als

Menschen oder Hunde, klappte das fast immer. Später gab es immer weniger Schaffarmen. Da hörte das auf», erläutert Bleks.

«Als wir den General und seine Pistolen-Lilly wieder verließen, waren Traudel und ich uns einig, dass Baumgartsbrunn sehr viel schöner war als diese Farm im Norden.

In den folgenden Tagen sahen wir uns noch drei weitere Farmen an, aber wir hatten immer diesen wunderbaren Abend unter dem Kameldornbaum vor Augen, auf der Anhöhe, mit diesem weiten Blick in das Land. Im Prinzip war die Vorentscheidung damit bereits gefallen.

Und es galt noch etwas zu bedenken: Während unsere Tochter Angelika schon in Berlin studierte und Bettina kurz vor Beginn ihres Studiums stand, also beide Mädchen in Deutschland bleiben wollten, würden Michael und Matthias mitkommen. Die mussten noch zur Schule gehen. In Namibia gab es Internate – in denen damals nur Weiße zugelassen waren –, die wurden mit militärischem Drill geführt. Die Kinder durften kein Bild an die Wand hängen, es gab noch die Prügelstrafe und so weiter. Also, eine völlig andere Einstellung zur Erziehung, als wir es von Bochum her kannten, anders, als es im antiautoritären Klima der siebziger Jahre in Deutschland üblich war. Unsere Kinder auf eines dieser Internate zu geben kam für uns nicht in Frage. Wir würden sie also in Windhuk einschulen, dachten wir uns, und mussten in der Lage sein, sie morgens hinzufahren und später wieder abzuholen. Auch dieser Grund sprach also für die Farm Baumgartsbrunn, die relative Nähe zur Stadt.

Es kam dann später so, dass Michael gar nicht weiter zur Schule ging – sein Abitur holte er in Deutschland nach –, sondern ein Praktikum auf einer Farm machte. Matthias ging zur Schule, war dort aber unglücklich und kam dann auf ein nahe gelegenes Internat bei Windhuk, allerdings ein privates, kleines, wo er sehr zufrieden war», erzählt Bleks.

In den Apriltagen des Jahres 1971, als die Bleksens Namibia bereisten, kam das Ehepaar zu dem Entschluss, in das Land einzuwandern und Rinderfarmer zu werden. Zu dem Zeitpunkt war Helmut Bleks über fünfzig Jahre alt, Traudel Bleks war Ende vierzig – ungewöhnlich spät für einen so fundamentalen Entschluss, noch einmal ein neues Leben zu beginnen. Welche Sorgen haben sich die beiden damals wohl gemacht?

«Ach», sagt Traudel Bleks. «Sorgen haben wir uns eigentlich nie gemacht.» Ihr Mann ergänzt: «Wir haben uns gedacht, wenn Probleme auftauchen sollten – und das war ja wohl zu erwarten –, so würden die sich lösen. Mein ganzes Leben lang ist es so gewesen, und es ist auch heute noch so: Wenn Probleme auftauchen, bin ich nicht besorgt, im Gegenteil: Ich bin von Anfang an gespannt darauf, wie die Lösung am Ende aussehen wird. Das ist eine Lebenseinstellung, und die hat sich eigentlich immer bewährt.»

Traudel Bleks erzählt, dass sie schon als Kind davon geträumt hatte, irgendwann einmal in Afrika zu leben. «Ich hatte ganz klare Vorstellungen von dem Kontinent», meint sie.

Und war denn das Afrika, das sie nun als Erwachsene erlebte, ähnlich jenem, das sie sich als Kind vorgestellt hatte? «Komischerweise ja», antwortet sie. «Es war genau so, wie ich es mir vorgestellt hatte: die Landschaften, das Klima und auch die Menschen.»

Die Bleksens hatten also entschieden, Louis Chor die Farm Baumgartsbrunn abzukaufen, und ihn darüber informiert. Doch plötzlich gab es einen Konkurrenten. Helmut Bleks erinnert sich: «Ein Nachbar hatte von den Verkaufsplänen gehört. Er lief gleich rüber zu Louis Chor und drängte den, ihm die Farm zu verkaufen, was der aber nicht wollte, weil er sie schon uns versprochen hatte. Schließlich bot der Nachbar einen Preis, der fünfzig Prozent über unserem Angebot lag. Da hätten wir niemals mithalten können. Wir konnten gar nicht erhöhen, konnten keinen Pfennig mehr zahlen. Louis Chor aber hat zu dem Mann gesagt: ‹Hör mal, du bist doch auch ein Farmer. Du kommst zu mir und weißt, ich hab dem Bleks das angeboten. Jetzt kommst du mit einem Preis, der mich zögern lassen soll. Aber weißt du was: Er lässt mich nicht zögern. Ich finde das unanständig von dir. Ich hab's dem Bleks versprochen, und das bleibt so.› So war Louis Chor. Das habe ich ihm nie vergessen.

Der Vertrag wurde unterschrieben, und damit waren wir nun Farmer in Südwestafrika geworden. Als Farmer sind wir erst einmal nach Deutschland zurückgekehrt, um den Umzug einzuleiten. Doch wollten wir unseren neuen Stand zunächst geheim halten, damit wir den Umzug in Ruhe vorbereiten konnten. Aber die Sache war schon aufgeflogen, bevor wir in Deutschland gelandet waren. Warum? Wie Banken so sind, hat die Bank in Namibia, die von mir den Scheck übernahm, bei meiner Bank in Bochum angerufen und gefragt, ob ich das überhaupt bezahlen könne. Der Direktor in Bochum bestätigte. Der war aber gleichzeitig im Vorstand der Gemeinnützigen Kreditgarantiegenossenschaft, die wir zuvor gegründet hatten und in der ich auch im Vorstand war. Der Direktor, der den Alfred Rexroth kannte, ging sofort zu ihm und sagte: ‹Wissen Sie das? Der Bleks, der will nach Afrika.› Darüber war Rexroth gar nicht froh. Er war sogar ziemlich ärgerlich. Die Firma hatte natürlich noch einige Pläne mit mir vorgehabt, und nun sollte das von einem Tag auf den anderen vorbei sein. Den Ärger konnte ich verstehen. Die wussten allerdings nicht, dass mein Herzinfarkt die eigentliche Ursache war, dass ich körperlich und seelisch einfach nicht mehr konnte. Der Rexroth hatte aber im Nachhinein Verständnis für meine Entscheidung. Er war später dann sogar der Erste, der uns eine Spende für die Schule gab.»

Ein neues Leben und ein neues Haus

Im Herbst 1971 siedelten Helmut, Traudel, Michael und Matthias Bleks über nach Namibia. Und während in Deutschland, das sie hinter sich gelassen hatten, der Winter bevorstand, brach in Namibia der Sommer an. Eine gute Jahreszeit, um sich ein Haus zu bauen. Das war nötig, weil das Haus des Vorgängers Louis Chor für die Familie zu klein war. Die erste Zeit wohnten die vier Bleks auf der Kiekebusch-Farm, von wo aus sie den Bau ihres Hauses in Angriff nahmen. «In Russland, in der Gefangenschaft, hatte ich ja Mauern und Zimmern gelernt, später in Bochum auf einer Baustelle gearbeitet. Man weiß ja nie, wofür etwas später mal gut ist. Jetzt in Afrika brauchte ich diese Kenntnisse so nötig wie das tägliche Brot, denn von anderen ein Haus bauen zu lassen, das konnten wir uns nach dem Kauf der Farm nicht mehr leisten.»

Zunächst musste ein schöner Platz ausgesucht werden. Ursprünglich hatte das Ehepaar von einem Haus auf der Anhöhe neben dem großen Kameldornbaum geträumt. «Aber», erklärt Bleks, «unten im Tal war ein kleiner Staudamm, davor lag die Tränke für Kudus. Wir dachten es uns wunderbar, dass wir aus dem Haus oder von der Veranda direkt auf den Damm sehen und das Wild beobachten könnten.»

Der Entschluss, dort zu bauen, war dann schnell gefasst. Doch erwies sich das als großer Fehler. Das sollten die Bleks aber erst später bemerken.

Nachdem sie sich für den Platz am Damm entschieden hatten, setzten sich Helmut und Traudel Bleks mit den beiden Söhnen zusammen und entwarfen gemeinsam ihr Haus.

Einen offenen Kamin sollte es geben, einen großen Wohnraum, außerdem wollte jeder ein eigenes Zimmer haben. Und eine schöne Terrasse sollte es auch geben. «Platz war ja genug da», sagt Bleks. «Und Steine auch.» Er fertigte eine entsprechende Zeichnung an, und dann konnte der Hausbau mitten in der Dornstrauchsavanne beginnen. «Zuerst errichteten wir ein provisorisches Gerüst, damit man erkennen konnte, wo später die Fenster und Türen eingebaut würden.» Während er berichtet, zieht der alte Bleks mit den Händen Striche in die Luft: «Lattenpfosten wurden in die Erde geschlagen, daran haben wir die Querlatten mit Draht befestigt. Damit eindeutig war, in welcher Höhe die Fenster angelegt sein sollten, schnitt ich einen Stock entsprechender Länge zu. Mit dem Stock gingen wir dann hin und maßen ab, wo wir die Fenster aufsetzen mussten. Die ganze Familie hat mit angepackt. Die Arbeiter, die wir von Louis Chor übernommen hatten, halfen, und die älteren ihrer Kinder machten auch mit. Wir suchten die Umgebung nach Feldsteinen ab, wobei man sich vor Schlangen in Acht nehmen musste. Zement wurde mit einem Lkw rangefahren. Den Mörtel haben wir ‹von Hand› gemischt, mit der Schippe, wir hatten ja keine Maschinen. Gemauert haben wir selber. Den Arbeitern wurde gezeigt, wie man das macht: Eine Schnur wurde gespannt und erklärt, dass man mit der Fläche doch möglichst in der Schnur bleiben sollte, damit es einigermaßen gerade würde. Wenn man dann mal einen Tag weg war, ging es gleich wieder schief. Das Haus wurde also von etwa zwölf Laien gebaut – das Ergebnis war dann entsprechend. Wenn man sich das Haus von außen anguckt, geht die rechte Ecke schräg nach oben, die andere ein bisschen nach innen, ein bisschen krumm. Die Türen sind schief und klemmen etwas. Aber wir haben alles so gelassen. Insgesamt sieht die ganze Geschichte sehr hübsch aus und hat einen besonderen Charme. Dieses Haus gibt es heute, dreißig Jahre später, immer noch, und wir lieben es sehr.»

In Namibia ist Afrikaans die Umgangssprache. Diese Sprache lernten die Bleks, aber es reichte zunächst nicht für den Umgang mit den einheimischen Arbeitern. Die wiederum sprachen kein Englisch. «Wir verständigten uns mit Händen und Füßen – das ging eigentlich ganz gut», erklärt Helmut Bleks. Doch als er auf die Pläne und Zeichnungen Maß-Zahlen notierte, stellte er fest, dass die Arbeiter weder lesen noch schreiben konnten und dass sie niemals eine Schule besucht hatten. Ob denn ihre Kinder zur Schule gingen, wollte er wissen. Nein, war die Antwort. «Warum nicht?», fragte der eingewanderte Deutsche und war erstaunt zu hören, dass es im gesamten Khomas-Hochland keine einzige Schule gab. Bleks begriff, dass in dieser Region die einheimischen Kinder niemals eine Chance auf Bildung hatten und dass, wenn sich an der Situation nichts änderte, auch in Zukunft kein Junge oder Mädchen die Möglichkeit haben würde, Lesen und Schreiben zu lernen, und dass sie als Analphabeten zu einem primitiven Leben in Armut verurteilt wären. Diese Erkenntnis sollte dem Leben von Helmut Bleks eine neue Richtung geben.

Eine ganze Region ohne eine einzige Schule, das war allerdings gar nicht ungewöhnlich, denn Anfang der siebziger Jahre gab es in Südwestafrika außerhalb der großen Städte kaum Schulen. Helmut und Traudel Bleks berieten sich und beschlossen, sobald ihr Haus fertig wäre und sie mehr Zeit hätten, würden sie nach Windhuk fahren und nach einem Lehrer suchen, der den Kindern ihrer Arbeiter wenigstens eine Grundausbildung geben würde. Zwei Monate später war es so weit.

Nachdem die Familie in ihr neues Haus eingezogen war und sich nun einlebte, machte Helmut Bleks einen Termin beim Ministerium für Bildung in Windhuk, das damals noch in der Hand der weißen Südafrikaner war – noch war Namibia nicht unabhängig. Dem zuständigen Beamten erklärte Bleks, er brauche einen Lehrer, der fünf Tage die Woche ins Khomas-Hochland hinauskommen würde. Er sei bereit, den Lehrer morgens abzuholen und mittags wieder in die Stadt zu bringen. Er hoffe, dass das Ministerium die Bezahlung des Lehrers übernehme. Im Notfall sei er auch noch bereit, dies selbst zu tun. Der zuständige Mann im Ministerium wollte die Sache prüfen.

Die Antwort ließ auf sich warten. Bleks beschloss, in der Zwischenzeit schon mal selber mit dem ersten Unterricht zu beginnen. «Ich hatte ja nun Zeit», sagt Helmut Bleks und trinkt von seinem Kaffee. «An einem sonnigen Morgen hab ich also die Kinder zusammengerufen. Wir spazierten hinauf zu dem Kameldornbaum auf der Anhöhe, setzten uns dort in den Schatten, bildeten einen Kreis, und dann ging das los: Jeder kriegte einen Stock, und dann haben wir ein großes A in den Sand geschrieben …»

In den folgenden Tagen traf sich die kleine Runde jeden Morgen zur selben Stunde unter dem Baum. Nach und nach wurden die Buchstaben des Alphabets gelernt und dann die ersten Wörter. Bald kam das Rechnen hinzu. «Jedes Kind malte ein Männchen in den Sand. Die haben wir dann gezählt: sechzehn. Ich sagte: ‹Aber die und der, die gehen doch morgen zum Opa nach Omaruru, wie viele haben wir denn dann noch? Und diese hier, die fahren nach Okahandja, wie viele sind jetzt noch da?› Die Kinder waren sehr engagiert. Es machte ihnen großen Spaß. Und mir auch.»

In dieser Zeit macht sich Helmut Bleks erste Gedanken über eine umfassende Schulbildung für Kinder auf dem Land. Der ehemalige Manager hatte in Bochum den Bau von Schulen unterstützt, die Entwicklungen des deutschen Bildungssystems stets interessiert mit verfolgt. Eine Schulbildung sollte doch auch auf dem Land in Afrika möglich sein! Aber machte sich Helmut Bleks denn auch grundsätzliche Gedanken zu der Frage, ob es richtig ist, die schwarzen Einheimischen, die ja ihrerseits ganz unterschiedliche Wurzeln haben und allein in Namibia aus elf verschiedenen Stämmen bestehen, an das europäische Denken heranzuführen?

«Ja, natürlich», antwortet Bleks. «Ich habe mich selbst gefragt: Ist es richtig, es so zu sehen – man lebt im zwanzigsten Jahrhundert, und deswegen muss jeder Mensch lesen und schreiben können? Aber man sah eben die Realität: In den Großstädten schritt die Industrialisierung unaufhaltsam voran, und auf dem Land blieb die einheimische Bevölkerung auf dem alten Niveau zurück. Sie gerieten dadurch immer mehr ins Hintertreffen. Man sieht heute noch in den Städten manchmal Frauen vom Land in Stammestracht, zum Teil sogar barbusig im Supermarkt in der Schlange stehen. Da wundert sich keiner. Das kennt man. Aber es zeigt deutlich, dass die Welten sich vermischen. Das muss man einfach als Realität akzeptieren. Und das war Anfang der siebziger Jahre schon deutlich abzusehen.

Es gab damals auch von staatlicher Seite aus – das war noch unter dem Protektorat der Republik Südafrika – Bemühungen, auf dem Land Schulen zu bauen. Aber das ging nur sehr langsam voran. Es stellte sich heraus, dass es zwar einige

Kleinstschulen gab, aber die Farmer, die sie betrieben, lehrten keine theoretischen Fächer, sondern praktische Dinge wie Korbflechten. Der Staat bot dafür auch Hilfen an von ein paar Cent pro Kind», erläutert Bleks.

Im Khomas-Hochland allerdings gab es selbst diese Art Unterricht nicht. Helmut Bleks sah es als dringend an, mit dem Ministerium zu einer Lösung zu kommen. Offenbar hatte er keine Scheu, sich unbeliebt zu machen, und so stattete er dem Beamten im Ministerium erneut einen Besuch ab. Dieser signalisierte nun Kooperationsbereitschaft, allerdings unter einer Bedingung: Der Lehrer würde gestellt werden, wenn Bleks einundzwanzig Kinder nachweisen könne – das Mindestmaß, für das ein Lehrer vom Staat bezahlt würde. Es waren aber nur sechzehn Kinder, die auf der Farm Baumgartsbrunn lebten. So musste Bleks unverrichteter Dinge wieder zurückfahren und sich eine Lösung für das Problem überlegen. Am nächsten Tag kam er auf die Idee, Verwandte der Arbeiterkinder, die eigentlich in Windhuk lebten, mit aufzunehmen, aber eben nur auf dem Papier. «Ein paar Tage später stand ich wieder im Ministerium», erzählt Bleks. ‹Wir haben jetzt fünf Kinder mehr›, sagte ich. Der Beamte guckte mich ungläubig an und meinte dann lächelnd: ‹Ach, bei den Deutschen geht das Kinderkriegen wohl schneller als bei anderen …›»

Die Einweihung der Schule und der erste Lehrer

Der Lehrer wurde zugeteilt, und im Jahr 1972 wurde die kleine Schule in Baumgartsbrunn offiziell anerkannt. «Sie wurde in den Büchern des Education Departments als Grundschule eingetragen», erklärt Bleks. «Der Staat gab uns einen Lehrer und bezahlte diesen. Dazu bekamen wir pro Kind einige Cent Verpflegungsbeitrag. So fing das an.» Wenige Autominuten vom Farmhaus entfernt gab es einen alten Schafstall. Dieser Schuppen wurde ausgebaut, zwei neue Fenster eingesetzt, und so konnte er vorübergehend als Klassenraum dienen. An den frühen Vormittagen, wenn die Sonne noch nicht allzu stark brannte, würde man die Kinder zudem im Freien unterrichten können.

Helmut Bleks besorgte in Windhuk einige Tische und Stühle, die er in dem umgebauten Schafstall in zwei Reihen aufstellte. Eine Wandtafel wurde organisiert und genug weiße Kreide. Man kaufte mehrere Blöcke Papier und ausreichend Bleistifte.

Mit dem ersten Lehrer, den das Ministerium entsandte, hatte Helmut Bleks allerdings Pech: Der junge Mann hieß Brut, war tüchtig, und die Kinder mochten ihn. Er wurde jeden Morgen von Helmut oder Traudel Bleks in Windhuk abgeholt und am Nachmittag wieder zurückgebracht. Alles schien gut, Helmut Bleks konnte zufrieden sein mit dem Start der kleinen Schule. Aber nach wenigen Wochen war es schon wieder vorbei. Bruts Mutter war plötzlich gestorben, und der Lehrer musste von einem Tag auf den anderen seine

Sachen packen und in sein Elternhaus im Süden zurückkehren. Dort lebten seine jüngeren Geschwister, um die musste er sich kümmern. Die Schule Baumgartsbrunn stand nun ohne Lehrer da.

Das Ministerium sorgte für Ersatz. Der nächste Mann blieb zwar länger, aber er hatte ein Problem, das zunächst niemand bemerkte … «Ich kam eher zufällig dahinter», erinnert sich Helmut Bleks. «Als ich eines Tages das Klassenzimmer betrat, spürte ich gleich eine merkwürdige Stimmung in dem Raum. Die Kinder kicherten. Sie wirkten so, wie Kinder eben sind, wenn sie wissen, dass gleich etwas Außergewöhnliches passieren wird. Ich blickte hinüber zu dem Lehrer. Der lehnte am Fensterbrett, die Augen niedergeschlagen. Ich ging zu ihm hin, und dann roch ich etwas. ‹Sag mal, bist du betrunken?›, fragte ich ihn. Da lachte der laut los, bog sich nach hinten und kippte rückwärts aus dem Fenster – wie im Film: Beine hoch, hinten rüber. Die Kinder haben geschrien vor Freude und haben Tränen gelacht. Dem Mann war zum Glück beim Sturz nichts passiert. Aber es stellte sich heraus, dass er ein schwerer Alkoholiker war, weshalb ich ihn entlassen musste», erklärt Bleks.

Wie waren diesbezüglich die Regelungen zwischen dem Ministerium und der neuen Schule in Baumgartsbrunn, will ich von Helmut Bleks wissen. Konnte er Lehrer nach Belieben aussuchen und entlassen, obwohl sie doch vom Ministerium geschickt und bezahlt wurden? «Das Ministerium suchte die Lehrer aus», antwortet der Schulgründer. «Aber ich hatte ein Mitspracherecht. Das bedeutete, wenn ich mit einem Lehrer überhaupt nicht auskam, konnte ich ihn wegschicken.»

Es folgte der dritte Lehrer. «Den mochte ich besonders gerne», sagt Bleks. «Der war als Lehrer gut und ein sympathischer Mensch. Zum Beispiel kochte er nach dem Unterricht für die Kinder. Er war sehr ordentlich, machte auch Stickereiarbeiten. Er war homosexuell, was damals noch verboten war. Als das Ministerium irgendwann dahinter kam, wollte es ihn gleich wieder zurückziehen, weil wir in der Schule damals noch hauptsächlich Jungs hatten. Eigentlich verrückt, aber die Zeiten waren noch so. Mir tat es Leid, weil ich ihn so gern hatte. Ich habe zu ihm gesagt: ‹Weißt du was? Machen wir es doch so, ich bitte darum, dass du nach Karibib versetzt wirst, in der Stadt gibt es eine neue Privatschule, eine Mädchenschule, da kann dir keiner an den Karren fahren.› Das fand er gut. Ich habe diesen tüchtigen Lehrer später noch manchmal getroffen und immer wieder erzählt bekommen, dass er an der neuen Schule sehr zufrieden sei.»

David Hiponduka

Nachdem die Familie Bleks in ihr selbst gebautes Haus eingezogen war und einige Monate dort gelebt hatte, machte sich immer deutlicher ein Grundfehler bemerkbar. Helmut Bleks: «Als wir bauten, war es Sommer gewesen. Da hatten wir eines nicht bedacht: Der Temperaturunterschied zwischen der Talsohle und der Hügelkuppe beträgt bis zu zehn Grad. Das wurde uns erst richtig bewusst, als der erste Winter kam. Eines Abends saß Traudel im Pullover da und sagte entnervt zu mir: ‹Du, ich komm nicht nach Afrika, damit ich mir hier die Füße abfriere! Lass uns lieber weiter nach oben ziehen.›»

«Genau so war das», sagt Traudel Bleks, die sich wieder zu uns an den Wohnzimmertisch gesetzt hat. «Außerdem», hebt sie hervor, «war die ursprüngliche Idee ja auch gewesen, dass wir oben bei dem Kameldornbaum leben würden …»

So wurde es dann gemacht. Diesmal ging es schneller. Auf der Anhöhe wurde unter dem Baum ein Fundament gelegt und ein aus der Hauptstadt herbeigeschafftes Fertighaus draufgesetzt. Zusätzlich war hier und da noch zu mauern und eine Terrasse zu bauen. Die Familie zog um. «Der Wechsel hat sich gelohnt», schwärmt Helmut Bleks. «Wenn man auf der Terrasse sitzt, dieser wunderbare Blick, unter den Bäumen hindurch in die Weite …»

Unterdessen hatte das Ministerium den vierten Lehrer nach Baumgartsbrunn geschickt. Und diesmal hatte der Schulgründer endlich Glück. David Hiponduka, ein eher kleiner Mann, der Gelassenheit ausstrahlte, war in Walvis Bay, dreihundert Kilometer westlich von Baumgartsbrunn, am Atlantik, geboren und hatte dort als Lehrer und Schulleiter gearbeitet. «Den haben wir von Anfang an geliebt», sagt Helmut Bleks.

Der neue Lehrer, immerhin schon fünfundvierzig Jahre alt, trat seine Stelle an und wurde gleich einbezogen in die Diskussion über weitreichende Entscheidungen, die die Familie treffen musste. Der Hintergrund: Seit der Schulgründung waren mittlerweile neun Monate vergangen, der Abschluss des Schuljahres für die erste Klasse war in Sichtweite. Und da drängte sich die Frage auf, ob man eine zweite Klasse einrichten solle, wenn die erste in das zweite Schuljahr überging. Würde man so vorgehen, welche Folgen hätte das für die Zukunft überhaupt? Die entscheidende Frage war: Wollte man auch langfristig eine Schule im Khomas-Hochland betreiben? Mit David Hiponduka besprach Helmut Bleks, wie eine Schule aussehen könnte. Wie viele Klassen, wie viele Schüler? Nach zahlreichen Gesprächen und Diskussionen waren sich alle einig. «Wir hatten uns überlegt», resümiert Helmut Bleks, «da wir einmal damit angefangen hatten und die Kinder und deren Eltern unbedingt weitermachen wollten, mussten wir ihnen das nun auch bieten. Wenigstens bis zur vierten Klasse.»

Und so kam es, dass das Ehepaar Bleks, das vor anderthalb Jahren das erste Mal in Namibia gelandet war und dort kurzerhand eine Rinderfarm gekauft hatte und Rinderfarmer werden wollte, den Entschluss fasste, zumindest für die nächsten Jahre im Khomas-Hochland die erste und einzige Schule zu betreiben.

«Aber wir setzten uns ein Limit», erinnert Traudel Bleks: «Wir wollten höchstens hundert Schüler aufnehmen.»

«Ja, das hatten wir damals so festgelegt», ergänzt ihr Mann. «Aber es kam dann natürlich ganz anders!»

Eine zweite Klasse wird gegründet

«Jedenfalls bin ich wieder zum Ministerium nach Windhuk gefahren. ‹Wir brauchen einen zweiten Lehrer›, habe ich dem Beamten gesagt. Er schaute mich mit großen Augen an und genehmigte einen weiteren Lehrer, wieder unter der Bedingung, dass wir für die neue Klasse einundzwanzig Kinder vorweisen könnten. Das war gar nicht so leicht, denn die Kinder unserer Farmarbeiter waren ja nun alle schon untergebracht.

Also bin ich herumgefahren bei allen Farmern in der Umgebung und habe mit denen gesprochen. Ob sie nicht den Kindern ihrer Arbeiter eine Schulausbildung ermöglichen wollten. Sie müssten die Kinder nur morgens zu uns bringen und mittags wieder abholen. So richtig begeistert waren die meisten Farmer von meinem Vorschlag insgesamt nicht: ‹Na ja … mal sehen …›, war die häufigste Antwort.

Die Farmer Namibias sind konservativ, manche sogar erzkonservativ», erklärt Helmut Bleks. «Etliche hätten es am liebsten gehabt, wenn alles für immer so geblieben wäre wie bei ihren Vorfahren. Es ist halt wie mit allem Neuen, was man den Bauern vorsetzt – ich komme ja aus bäuerlichen Verhältnissen und weiß, wie das ist –, da ist man erst einmal dagegen. Es sprachen aus deren Sicht aber auch praktische Gründe dagegen: Sobald die Kinder der Farmarbeiter vierzehn Jahre alt waren, halfen die auf der Farm normalerweise schon mit, und diese Arbeitskraft würde fehlen, wenn sie in die Schule gingen.»

Hatten einzelne Farmer vielleicht sogar ein konkretes

Interesse, den schwarzen Menschen die Ausbildung zu verwehren, damit sie auf Dauer eben nicht unabhängig werden, frage ich Helmut Bleks.

«Ich glaube, so weit haben die einzelnen Farmer gar nicht gedacht», antwortet er. «Aber es stimmt natürlich, dass sie an der Gegenwart festhielten, weil sie es im Grunde so ganz schön fanden. Es gab Farmer, die ihre Arbeiter nicht gut behandelten. Aber man kann das nicht verallgemeinern. Viele Farmer, die wir damals kennen lernten, hatten ein sehr gutes Verhältnis zu ihren Arbeitern. Die unterstützen später auch die Ausbildung der Kinder. Aber die anderen muss man auch verstehen. Wenn einer aus Europa daherkommt und Reformen durchführt, die man selber eigentlich schon dreißig Jahre früher hätte machen müssen, dann sieht das für manch einen ganz schnell nach Besserwisserei aus, nach Belehrung. Und belehren lässt sich doch *kein* Bauer! Das gibt es nicht. Jedenfalls nicht in Namibia.»

Aber auch diesmal reichte die Überzeugungskraft von Helmut Bleks aus, um von den Nachbarfarmen genügend Schüler für eine zweite Klasse zu organisieren und den Lehrer aus Windhuk gestellt zu bekommen. Bleks selbst holte die Kinder morgens von den Farmen ab und brachte sie nach Schulschluss wieder zurück.

Endlich ein Klassenraum

Noch bevor der zweite Jahrgang gestartet war, meinte der umsichtige und inzwischen zum Schulleiter ernannte David Hiponduka zu Helmut Bleks, da die Schule sich vergrößerte, bräuchten sie nun auch ein richtiges Klassenzimmer. Unterricht im Freien oder im ehemaligen Schafstall sei in Zukunft nicht mehr ausreichend. Das sah Bleks ein. In Baumgartsbrunn hatte man ja schon Übung im Häuserbau; so begann man mit dem Bau eines richtigen Klassenraums – ein schlichtes Haus mit nur einem Zimmer, in dem eine Schulklasse Platz hat –, wobei nicht nur die Familie Bleks und ihre Arbeiter anpackten, sondern diesmal auch die Schüler selbst und die beiden Lehrer. «Es hat Spaß gemacht, weil die Kinder so aufgeschlossen waren», beginnt Bleks und erzählt ein Beispiel: «Da kam ein Lkw und hat die Steine abgeladen. Das waren besonders gute Kalksteine, die musste man noch verputzen, wie weiße Klinker. Die Kinder sind dann losgezogen und haben die Steine herbeigeholt. Dazu haben sie Lieder gesungen. Das waren Lieder, die ihr Meister David Hiponduka komponiert hatte – das machte er immer für bestimmte Gelegenheiten, mit passendem Text –, und so haben die Kinder singend die Steine zum Bauplatz gebracht. Unterdessen habe ich schon mal die Ecken gemauert. Dann wurde von Ecke zu Ecke eine Schnur gezogen. Entlang der Schnur haben wir Reihe für Reihe die Steine gesetzt, ganz einfach mit Kelle und Mörtel. Nachher bin ich hingegangen und habe mit der Wasserwaage korrigiert und glatt gemacht, und die Kinder haben dann ihren Namen draufgeschrieben. Nach ein paar Tagen war das Haus hochgemauert und bezugsfertig.»

Trotz der anfänglichen Vorbehalte in der Nachbarschaft hatte sich die Nachricht vom erfolgreichen Unterricht im Khomas-Hochland schnell verbreitet, und so kamen, während das Schuljahr anlief, noch einige Kinder hinzu, die weiter entfernt wohnten. «Damit die nicht jeden Tag vier Stunden zu Fuß gehen mussten», erklärt Bleks, «haben wir es so organisiert, dass sie in diesem neuen Haus übernachten konnten. Morgens haben wir Tee gekocht, es gab ein kleines Frühstück, und danach wurde derselbe Raum zum Klassenzimmer.»

Helmut Bleks kommt auf David Hiponduka zu sprechen, ohne den die Anfangszeit und schließlich das ganze Schulprojekt über viele Jahre gar nicht zu denken wären. «David kam aus einer Pastorenfamilie», erzählt Bleks. «Bereits sein Vater und sein Großvater waren Pastoren gewesen. Er wollte selber Pastor werden, aber dann hat es sich ergeben, dass er Lehrer wurde. Doch er war natürlich in einem protestantischen Pfarrhaus groß geworden, und so kannte er viele Bibelsprüche auswendig. Wenn ich ärgerlich gewesen war und ihn wegen irgendetwas ermahnt hatte, dann kam ich nach Hause und fand plötzlich einen Zettel in meiner Jackentasche. Den hatte mir der David zugesteckt. Da stand immer ein passender Bibelspruch drauf – ‹… tröstet die Kleinmütigen, traget die Schwachen, seid geduldig gegen jedermann›. Wenn ich einen dieser Zettel fand, war ich immer gerührt. Da war der Ärger schon vorbei. Am nächsten Tag bin ich hingegangen und hab gesagt: ‹David, komm, lass gut sein.›»

Ob Helmut Bleks sich manchmal selber den Unterricht ansah?

«Nur selten. Aber ich sehe den David noch vor mir im feierlichen Anzug und mit Schlips und Kragen – ich habe ihn während der Schulzeit nie anders angezogen gesehen. Zum Beispiel beim Musikunterricht. Ich erinnere, wie er Noten an die Wandtafel geschrieben hat, das fand ich so gut. Do, re, mi, fa, sol, la, si, do … – Wenn die Melodie nach oben ging, hat er auf der Note einen Springbock gezeichnet, der hoch gesprungen ist. ‹Hoch müsst ihr singen, das ist hoch!›, sagte er. Und bei tiefen Stimmen hat der ein Erdferkel in seinem unterirdischen Bau gemalt. ‹Tief!› So etwas hat der gemacht», erinnert sich Helmut Bleks noch dreißig Jahre später bewundernd. «Er hatte die Fähigkeit, einprägsame Bilder als Metaphern einzuführen.»

«Meister David war ein leidenschaftlicher Geiger», erinnert sich Traudel Bleks. «David ohne Geige gab es gar nicht. Aber wenn er sie gespielt hat, das war grausig …»

«Ja», bestätigt Helmut Bleks. «Das war schlimm. Er spielte grauenhaft. Alle seine Lieder spielte er auf der Geige. Er traf zwar den Ton, aber der Ton war so missgebildet! Doch hat er wunderschöne Lieder komponiert. Er hat für jedes Haus, das wir später bauten, ein eigenes Lied geschrieben – einfache Melodien und Texte –, aber drei- oder vierstimmig gesungen, klang es wunderbar. Ich glaube, dass auf diese Weise Volkslieder entstehen, dass der David jemand war, der Volkslieder hervorbringen konnte.»

War Hiponduka denn ein strenger Lehrer? Dazu Traudel Bleks: «In den südafrikanischen Schulen war es zu Zeiten der Apartheid noch üblich, dass Kinder geschlagen wurden. Aber nur samstags und nur vom Schuldirektor. Wir wollten das nicht. Auch David fand das nicht gut. Der sagte: ‹Wo das Wort nicht hilft, hilft auch der Prügel nichts. Wir sind dazu da, den Charakter der Kinder zu erziehen. Lesen und Schreiben, das können sie auf jeden Fall lernen, das ist nicht so schwer – aber den Charakter zu bilden, das ist wichtig.› Daran hat David sich gehalten. Der hat die Kinder nie gehauen.»

«Doch, einmal hat er eine Ohrfeige gegeben», widerspricht ihr Mann. «Aber nachher war er krank, da hat er um Vergebung gebetet.»

Und hat sich Helmut Bleks, der Schulgründer, mit dem Schulleiter Hiponduka gestritten? «Ich habe schon manchmal gemeckert. Wenn etwa eine Gruppe vom Ministerium zu Besuch kam oder später Gruppen aus Deutschland, die sich das Schuldorf ansehen wollten, dann saßen die da und wollten von uns beiden was hören. Der David hatte dann Lampenfieber und stieg in sein Auto, fuhr einfach weg, und ich stand plötzlich alleine da. Da habe ich ihm gesagt: ‹David, so geht das nicht!›»

An eine bestimmte «Flucht» erinnert sich Helmut Bleks besonders gut: «Er war wieder mal abgehauen und kam zurück, als er dachte, jetzt sind bestimmt alle weg. Aber da hat sich sein Auto nahe der Schule überschlagen. Wir hörten das und sahen die Staubwolke. Ich bin gleich hin und sehe sein Auto auf dem Dach liegen. David war noch drin. Er war unverletzt und versuchte rauszukrabbeln, aber völlig verkehrt, er kroch nach der falschen Seite. Ich riss die Tür auf und sagte: ‹David, andersrum.› Da guckte er mich erstaunt an – ich stand ja aus seiner Perspektive auf dem Kopf. Er drehte sich nochmal nach rechts, dann nach links, und schließlich krabbelte er rückwärts raus. Nachher haben wir gelacht. ‹Na ja›, sagte er, ‹wenn man in so einem Auto sitzt, guck dir das doch mal an, das ist doch klar, da kann man nicht rausfinden›», schließt Bleks und muss wieder lachen.

Das Blatt wendet sich

Nach zwei erfolgreichen Schuljahren begann das dritte mit einer Überraschung. Während es in den vergangenen beiden Jahren schwer gewesen war, für die Klassen die benötigten einundzwanzig Kinder zusammenzubekommen, bewarben sich nun mehr Kinder, als Helmut Bleks hatte aufnehmen wollen. Die Qualität des Unterrichts, der für die Schüler zudem kostenlos war, hatte sich inzwischen weit herumgesprochen. «Eltern auf der ganzen Welt haben ja immer die Einstellung: Meinem Kind soll es mal besser gehen als mir selbst», meint Bleks. Im Khomas-Hochland gingen die Eltern nun davon aus, dass ihre Kinder *mit* Schulbildung bessere Aussichten für die Zukunft hätten. Sie vertrauten auf die Schule in Baumgartsbrunn. Der Ansturm begann …

Selbst nach Beginn des Schuljahrs kamen Eltern zu «Mister Helmut», wie er nach Landessitte von den Einheimischen der Einfachheit halber genannt wurde, und baten ihn, ihr Kind noch aufzunehmen. Nachdem ein zweiter Klassenraum gebaut worden war, besorgte Helmut Bleks zusätzliche Tische und Stühle, bis die beiden Räume voll gestellt waren. So fanden zunächst alle Schüler einen Platz. Doch ein Problem blieb: Während die meisten Kinder bislang aus der Nachbarschaft stammten, was einen Fußmarsch von dreißig bis zu neunzig Minuten hin und ebenso lange zurück bedeutete, kamen nun auch die ersten aus weiter entfernten Gebieten. «Einige der Jungs und Mädchen trafen morgens nach einer Wanderung von zweieinhalb Stunden hier ein», erzählt Bleks. «Manche brauchten noch länger.»

Am heißen Nachmittag mussten sie wieder nach Hause marschieren. Helmut Bleks blieb nichts anderes übrig, als noch ein Haus zu bauen, in dem diese Kinder während der Woche übernachten konnten. Der erste Schlafsaal wurde in der Dornstrauchsavanne errichtet.

Doch schon im nächsten Jahr, 1975, verschärfte sich die Raumnot erneut dramatisch. In Baumgartsbrunn wurde die selbst gesetzte Obergrenze von höchstens hundert Kindern schon deutlich überschritten. Es gab jetzt vier Klassen, die Anzahl der Schüler betrug etwa hundertundzwanzig. Ein dritter Klassenraum war gebaut worden, aber die Zeit hatte nicht gereicht, um den zweiten Schlafraum fertig zu stellen. Dies wäre aber nötig gewesen, denn von nun an kamen Kinder aus immer weiter entfernten Gebieten. «Die wurden von ihren Eltern einfach hier abgesetzt, nachdem sie einen halben Tag gefahren waren», tadelt Traudel Bleks. Die Eltern verschwanden im Handumdrehen, ihre Kinder mussten nun in Baumgartsbrunn versorgt werden. Plötzlich trugen die Bleksens für fünfundsechzig Kinder, die in Baumgartsbrunn übernachten mussten, die volle Verantwortung.

Das Ehepaar fand zunächst eine praktische Lösung. Da es Sommerzeit war, konnten die Kinder vorübergehend draußen schlafen. Es wurden Gruppen von jeweils etwa zehn Schülern gebildet, die den ganzen Abend zusammenblieben, wobei die ältesten auf die Gruppen verteilt wurden und für sie verantwortlich waren. Das Ehepaar Bleks fuhr über die Schotterpiste nach Windhuk, um für diesen Notfall einzukaufen. Sie besorgten Decken, Geschirr und Besteck. In einem Geschäft entdeckte Traudel Bleks gusseiserne Töpfe. Dreifußtöpfe. In einem Supermarkt wurden noch Lebensmittel eingekauft, und dann ging die Fahrt wieder zurück zur Farm.

«Meister David hat die Lebensmittel dann an die Gruppen verteilt», erinnert Traudel Bleks. «Soundso viel Zucker, Mehl, Pflanzenfett, etwas Fleischbrühe. Der David hat immer sehr genau hingeschaut. Die Größeren kochten für die Kleinen mit. Die kochten Milipap, das ist ein Maisbrei. Auf drei Steinen wird ein Topf mit Wasser und etwas Salz gestellt, darunter Brennholz entzündet. Sobald das Wasser kocht, rührt man das Maismehl ein, bis ein fester Brei entstanden ist. Davon nahmen sich die Kinder etwas, formten das zu einem Löffel und tunkten den in die Fleischbrühe. Das ging jeden Abend so.»

«Man sah hier ein Lagerfeuer und da ein Lagerfeuer, und es duftete nach verbranntem Holz», ergänzt Helmut Bleks. «Traudel, Michael, Matthias und ich, wir haben gerne dabeigesessen. Es wurde auch gesungen: Die Schüler sangen ihre Lieder, und wir sangen unsere, und beide Seiten versuchten bei den jeweils anderen mitzusingen. Das Ganze war wildromantisch. Eine sehr schöne Zeit!»

Der Ansturm der Kinder und zähe Mütter

Im Jahr 1977 feierte die Schule in Baumgartsbrunn ihr fünfjähriges Bestehen. Mittlerweile hatte das Bildungsministerium die Erweiterung der Schule bis einschließlich der neunten Klasse genehmigt. In Baumgartsbrunn wurde jedes Jahr eine neue erste Klasse gebildet, sodass die Schule in den oberen Jahrgängen weiter wuchs. Neben den Lehrern gab es nun auch andere Mitarbeiter: einen Koch, einen Handwerker und einen kleinen Bautrupp, der unter Anleitung von Helmut Bleks nach Bedarf weitere Klassenräume und Schlafstätten baute, sodass bald alle Kinder in der Nacht ein Dach über dem Kopf hatten.

Aber der Ansturm ebbte nicht ab. Jedes Jahr gab es mehr Bewerber als Plätze. Das wurde zu einem anhaltenden Problem. Manchmal kam es zu dramatischen Szenen, wenn Eltern versuchten, «Mister Helmut» zu überreden, ihre Kinder aufzunehmen. Helmut Bleks schildert das so: «Ich erinnere mich an eine resolute Mutter, die kam mit ihrem Kind, nachdem das Schuljahr schon begonnen hatte, nachdem wir etliche Kinder abweisen mussten und alle Klassen überfüllt waren. Sie stand bei mir im Büro mit ihrem Jungen an der Hand und sagte: ‹Mister Helmut, du musst ihn nehmen, bitte!› – ‹Das geht leider nicht mehr›, sagte ich ihr. ‹Ihr müsst im nächsten Jahr wiederkommen.› Da fing sie zu weinen an: ‹Warum nimmst du ihn nur nicht? Du magst ihn einfach nicht!› – ‹So ein Quatsch!›, schimpfte ich. Der Junge guckte ganz ängstlich. ‹Wir sind einfach voll! Das weißt du doch!›

Wir hatten ohnehin schon mehr aufgenommen, als wir konnten, und die Lehrer stöhnten schon. Die Mutter hörte nicht auf zu weinen und meinte dann: ‹Ich bleib hier sitzen und geh nicht weg, bis du meinen Sohn aufgenommen hast.› Die ist richtig in Sitzstreik getreten. Was soll man in so einer Situation machen?» Ihre Hartnäckigkeit imponierte Bleks.

«Schließlich hat die Frau doch noch gewonnen», räumt Bleks ein. «Ich habe den Jungen an die Hand genommen und bin mit ihm rübergegangen zu David. Der schüttelte zwar den Kopf, nahm aber den Jungen an und hat ihn erst einmal beruhigt.»

Der Schulgründer geriet immer häufiger in verzwickte Situationen. Oftmals musste Bleks rigoros Nein sagen – was meist hoch dramatische Folgen hatte: «Es kam immer häufiger vor, dass plötzlich Kinder von ihren Eltern auf dem Schulgelände abgesetzt wurden, mit einem kleinen Päckchen, das die nötigsten Habseligkeiten enthielt. Manchmal besaßen sie auch gar nichts, außer dem Hemdchen, das sie anhatten. Die Eltern waren längst über alle Berge. Nun standen die Kinder also da, hatten Hunger und mussten verköstigt werden. Nun hieß es, entweder zu suchen, wo die herkamen, oder man behielt sie eben doch. Manchmal machten sie Wege von mehreren hundert Kilometern. Jetzt stand ich vor der Wahl: Fährst du den Jungen oder das Mädchen nach Hause und musst dann Hunderte Kilometer wieder zurückfahren, oder passt auch dieses Kind noch irgendwie irgendwo rein? Dann sagte man sich: Jetzt ist es schon hier, na, dann bleibt es eben auch …»

Aber es kam noch extremer: «Eines frühen Morgens trat ich auf unsere Veranda und hielt Ausschau nach Kudus. Während ich da stehe, höre ich ein Geräusch, ganz in der Nähe.

Ich drehe mich um und sehe in der Ecke der Veranda ein kleines Kind sitzen, mit einem Bündel unterm Arm. Es starrt mich mit großen, ängstlichen Augen an. ‹Wer bist denn du?›, frage ich. Das Kind antwortete nicht. Traudel hat mich reden hören und kommt raus. Es ist ein Mädchen. Sie streichelt den Kopf der Kleinen. Und dann haben wir sie erst einmal mit hineingenommen und ihr zu trinken gegeben. Später stellt sich heraus, dass die Eltern ihre Tochter im Morgengrauen dort hingebracht und gesagt hatten: ‹Wenn Mister Helmut am Morgen rauskommt und dich fragt, wer du bist, dann sag nichts!› Das hat die Kleine später selber erzählt. Auch dieses Mädchen haben wir aufgenommen, obwohl die Lehrer sagten: ‹Nein, nein, nicht schon wieder!› Dennoch mussten wir viele einfach wegschicken. Traudel hat manchmal geweint und gesagt: ‹Kann man nicht doch? Geht es nicht doch?› Aber die Schule platzte ja schon aus allen Nähten. Außerdem kostete jeder weitere Schüler ja auch Geld, und Geld wurde langsam knapp. Wir brauchten dringend Einnahmen», erinnert Helmut Bleks. «Wir mussten uns für diese komplexe Problemlage eine gute, langfristige und trotzdem schnell umsetzbare Lösung überlegen.»

Die eigene Jagdfarm

«In Namibia wird sehr viel Fleisch gegessen», stellt Helmut Bleks fest. «Neben Milipap, dem Maisbrei, und Gemüse mussten wir für die Kinder Fleisch beschaffen. Dies einzukaufen war unbezahlbar, dafür reichten die Zuschüsse der Regierung bei weitem nicht, und selber konnten wir kein Geld mehr zuschießen. Aber in unserer Gegend gibt es viele, viele Kudus, die großen Antilopen. Ich besaß einen Jagdschein und konnte Kudus schießen. Ich bin damals oft auf Jagd gegangen, um die Kinder zu ernähren. Doch als die Schule größer und größer wurde, kam ich einfach nicht mehr nach.»

Bleks hatte eine Idee. Er berichtet: «Zu der Zeit, also Mitte der siebziger Jahre, kamen aus der ganzen Welt Jäger nach Südwestafrika, die nur wegen der Trophäen jagten. Damals war die Jagd auf Kudus schon freigegeben, da der Bestand dies zuließ. Wenn ich erfuhr, dass Jäger bei uns in der Nähe auf Nachbarfarmen waren, stattete ich denen einen Besuch ab, stellte mich vor und sagte: ‹Wir brauchen das tote Tier, wir brauchen das Fleisch für unsere Kinder.› Zuerst haben die Jäger komisch geguckt. Aber dann habe ich sie eingeladen, mit in die Schule zu kommen, weil ich wusste, dass es sie beeindrucken würde, wenn sie mit eigenen Augen erleben, was dann passiert … Das Tier wurde also hinten auf den Jeep gelegt, und wir fuhren gleich in das Schuldorf. Als das Auto anhielt, kamen von allen Seiten Kinder aus den Klassenzimmern angerannt. Sie liefen um den Jeep herum, klatschten auf das tote Tier und freuten sich, weil sie wussten, dass wir den Kudu am nächsten Abend, nachdem er ein bisschen abgehangen hatte, am Lagerfeuer essen würden. Dazu war der Jäger natürlich immer eingeladen.

Ein Kudu bringt drei bis vier Zentner Fleisch. Davon konnten, jedenfalls in den ersten Jahren, alle Kinder essen. Das war immer ein großes Fest. Das hat die Jäger jedes Mal tief bewegt.

Ich glaube übrigens, dass die Freude auch damit zusammenhängt, dass auf diese Weise der ursprüngliche Sinn des Jagens wieder zum Vorschein kommt: Man tötet Tiere nicht wegen der Trophäe, sondern um das Fleisch zu essen und selber zu überleben.»

Eines Abends, als die Familie Bleks auf ihrer Terrasse beim Abendessen zusammensaß, entstand eine Idee: Was lag näher für die Pragmatiker, als eine eigene Jagdfarm aufzumachen? Dem ehemaligen Manager macht es heute noch Spaß, die Lösung des finanziellen Problems zu erläutern. «Der Plan, eine eigene Jagdfarm aufzubauen, beruhte auf einer zündenden Finanzierungsidee. Wir beschlossen eine Dreiteilung: Das Geweih sollte der Jäger bekommen, das Fleisch die Kinder, und das Geld, das die Jäger für ihre Unterkunft und für die Trophäe an uns bezahlen mussten, würde der Schule zukommen. Mit diesem Konzept, so dachten wir, könnten wir der Schule finanziell wieder etwas Freiraum verschaffen.»

Auf der sechstausend Hektar großen Farm Baumgartsbrunn – eine Fläche, die ungefähr der des Starnberger Sees entspricht – gab es genug Wild, und den Schein zum Jagdführer konnte der geübte Jäger Helmut Bleks ohne weiteres machen. Aber zunächst fuhr das Ehepaar nach Windhuk, um sich zu erkundigen, an welche Bedingungen die staatliche Erlaubnis geknüpft war, eine Jagdfarm zu betreiben. Es stellte sich heraus, dass man eine «Wohneinheit» vorweisen musste, ein eigenes Zimmer, in dem der Jäger übernachten konnte. ‹Dann bauen wir eben *noch* ein Haus›, dachte sich das Ehepaar. Die Bleksens waren mittlerweile im Häuserbau sehr geübt, und so zogen sie in der Nähe ihres Privathauses schnell ein Einzimmerhaus hoch. «Das Haus war schlicht, aber sehr schön», erzählt Traudel Bleks. «Es gab diverse Vorschriften. Ich weiß noch, dass an den Zimmerwänden viele Haken sein mussten und ein Spiegel. Auch im Badezimmer musste es Kleider- und Handtuchhaken geben. Solche Kleinigkeiten waren Vorschrift. Also haben wir das auch genau so gemacht.»

Als Nächstes musste Helmut Bleks die Prüfung zum Jagdführer ablegen. Dazu gehörte theoretischer Unterricht, der auf der Farm stattfand. Bleks erinnert sich: «Da kam der Chef von der Naturschutzbehörde nach Baumgartsbrunn. Wir spazierten zusammen über das Farmland, bis der Mann sagte: ‹Hier ist es gut.› Ich musste stehen bleiben, während er weiterging und sich in einer Entfernung von vielleicht hundertfünfzig Metern aufstellte. Er hielt das Gehörn einer Antilope in die Luft, und ich sollte sagen, von welchem Tier das war. ‹Kudu!›, rief ich. Das fiel mir nicht schwer. Schwieriger wurde es, als es ins Detail ging: männlich oder weiblich? Junger Bock oder ein alter? Ist er schon abschussreif oder noch nicht? Als Nächstes war Spurenlesen dran. Wir sind weiter über das hügelige Gelände marschiert und haben uns Spuren angesehen. Welche waren frisch, welche schon älter? Spurenlesen ist eine eigene Kunst. Einer unserer Farmarbeiter ist darin ein Meister. Wenn ich auf Jagd ging, habe ich immer ihn mitgenommen. Aber für die Prüfung zum Jagdführer musste ich ohne seine Hilfe auskommen. Es hat aber so gerade gereicht», gibt Bleks zu verstehen.

Ob denn nach der Eröffnung der eigenen Jagdfarm viele Jäger nach Baumgartsbrunn kamen, möchte ich wissen.

«Ja, von Anfang an. Das Jagen ist für die Farmer auch heute noch eine gute Einnahmequelle: Die Jäger zahlen für Kost und Logis auf der Farm und zahlen viel Geld für die Geweihe. Diese Preise wiederum werden je nach Tierart in Namibia festgelegt. Die Zahlen schwanken von Jahr zu Jahr, sind aber grundsätzlich sehr hoch.

Wenn Bedarf an einem weiteren Haus bestand, und das war ja ständig so, weil die Schule sich permanent vergrößerte, dann konnten wir dank der Einnahmen aus der Jagd ein neues bauen. So ging das einige Jahre. Auf diese Weise sind viele unserer Häuser entstanden. Die haben wir uns sozusagen erjagen lassen, wir verdanken sie eigentlich den Tieren …», folgert der alte Bleks.

«Ach!», ruft er plötzlich. «Da gibt es eine hübsche Geschichte. Ich hatte mal einen Jagdgast – ein netter Mann, der hatte mein Herz gewonnen, weil er bei einem Kudu gesagt hatte: ‹Den schieß ich nicht, der ist zu schön.› Fand ich wunderbar! Das ist ein Jäger, ein richtiger Jäger. Wir fuhren herum, und immer wurde es nix … Ich bemerkte, dass er eigentlich ängstlich war, dass er Schussangst hatte. Dann kamen wir an einen Staudamm, man konnte die Kudus an der Wasserstelle schon von oben sehen. Ich sagte: ‹Jetzt haben wir aber keine Zeit mehr. Steigen Sie aus dem Auto und schießen Sie über den Kühler.›

Er runter vom Auto, legt an, schießt, es gibt eine Riesen-Staubwolke. ‹Nee›, sagt er. ‹Das war nix.›

‹Also gut, suchen wir weiter.› Er steigt wieder ein, ich dreh mich nochmal um und sehe, wie der Kudu fällt. Ich sage: ‹Mensch, Sie haben ja doch getroffen!›

‹Kann nicht sein.›

‹Da liegt er doch!›

‹Ist doch nicht möglich!›

Ich sage: ‹Kommen Sie …› Wir fuhren hin, der Kudu lag tot da. Wir haben ihn umgedreht, geguckt … aber es war kein Einschuss zu finden.

‹Wie kann denn das sein?›, fragte der Mann.

Es gab nur eine Erklärung. Ich hatte mir das mal von einem älteren Jäger erläutern lassen: Manchmal kommt es vor, dass ein Kudu einem Herzschlag erliegt. Mein Jagdgast und ich, wir standen noch neben dem toten Kudubock ohne Einschuss und sahen dann einen Termitenhaufen. Diese meterhohen Bauten sind eigentlich selten bei uns, aber es gibt sie. Das war die Erklärung: Mein unerfahrener Jäger hatte den Kudu verfehlt, dafür in den Termitenturm reingeschossen – das gibt dann eine mittlere Explosion. Der Kudu bekam einen Schrecken, hatte einen Herzschlag und fiel zu Boden. Damit war der Mann der einzige mir bekannte Jäger, der einen Kudu erlegt hatte, ohne ihn zu treffen», erzählt Bleks amüsiert.

Obwohl das Jagen den hungrigen Jungen und Mädchen im Schuldorf zugute kam, interessiert es mich, ob Helmut Bleks nicht doch manchmal ein schlechtes Gewissen plagte, wenn auf die Wildtiere geschossen wurde.

«Das war ein Grund dafür, dass wir nach wenigen Jahren die Jagdfarm wieder aufgaben», antwortet er. «Es gab viele schöne und großartige Erlebnisse. Aber es gab auch schlechte Erfahrungen. Immer öfter passierte es, dass Jäger zu uns kamen, die nicht gut genug schießen konnten oder die zur Jagd eine falsche Einstellung hatten. Zum Teil hatten sie überhaupt keinen Respekt mehr vor den Tieren. Es ging nur noch um die Trophäe. Aber selbst dafür wollten sie nichts mehr machen: Pirschen, Nachsuchen, all diese Dinge, die zur Jagd gehören, die wollten viele nicht mehr. Ich denke dabei zum Beispiel an ein Großunternehmen in Deutschland, das uns eine Gruppe verdienter Mitarbeiter zur Jagd schickte. Bei denen gehörte die Jagd zum Business. Da wurde eine vorher geschriebene Liste durchgegangen und einzelne Posten abgehakt: ‹Das haben wir … das noch nicht … den haben wir …›

Irgendwann war es so weit, dass ich nicht mehr wollte. Ich schämte mich buchstäblich vor meinen Tieren, wenn ich sah, wie diese Abknaller auf sie feuerten.»

Die Bleks gaben ihren Jagdfarmbetrieb wieder auf. «Aber», sagt Helmut Bleks, «den Jägern müssen wir im Nachhinein dankbar sein – sie haben lange Zeit unsere Schule mitfinanziert.» Und Bleks fügt hinzu: «Jagd spielt noch heute eine große Rolle in Namibia. Das gilt natürlich nur für Tiere, die nicht vom Aussterben bedroht sind – das ist klar. Die Einnahmen aus der Großwildjagd gehören zu den wichtigsten Geldquellen des Staats Namibia. Viele Menschen in Europa und Amerika sagen: Man darf aus Sport, Spaß oder Profitgier doch keine Tiere schießen, es sind doch Lebewesen wie wir. Damit haben sie natürlich Recht. Aber sie leben ja im Überfluss und essen sowieso zu viel Fleisch. In der Halbwüste von Namibia sieht die Lage anders aus. Allerdings habe ich nie einen Leoparden geschossen. Genauso wenig wie einen Springbock. Wenn man in die schönen Augen eines Springbocks sieht, kann man ihn nicht totschießen, so ging es mir jedenfalls. Mittlerweile habe ich mit dem Jagen aber ganz aufgehört.»

Umgeben von feinen Schleierwolken, sinkt an diesem hochsommerlichen Spätnachmittag im Dezember 2004 die Sonne langsam über dem Ozean vor Swakopmund. Am Strand sind im Gegenlicht die Silhouetten von spielenden Kindern und Jugendlichen zu sehen. Der alte Helmut Bleks lehnt sich in seinem Sessel zurück, und wir beschließen, eine kleine Pause einzulegen. «Sagt mal, wollen wir nicht ein Glas Wein trinken?», fragt er. Traudel und ich stimmen zu, alle stehen gleichzeitig auf. «Ich hole ihn», sagt Helmut Bleks. «Moment. Ich muss mal schauen, wo ich die Flasche hingepackt habe», meint seine Frau. «Dann hole ich die Gläser», sage ich. Schon sind wir drei in der kleinen Küche, und jeder steht jedem im Weg.

Die Gästefarm

Nachdem die Bleks Anfang der achtziger Jahre ihre Jagdfarm aufgegeben hatten, war eine wichtige Einnahmequelle ausgefallen. Für ihre Schule, chronisch in finanziellen Nöten, musste eine neue Geldquelle erschlossen werden. Traudel Bleks nimmt einen Schluck Wein und erzählt: «Angehörige der Jäger hatten manchmal gefragt, ob man bei uns in Baumgartsbrunn nicht auch mal den Urlaub verbringen könnte. Oder zumindest ein paar Tage wohnen, um von hier aus das Land zu erkunden. Daran erinnerten wir uns. Und das brachte uns auf die Idee, eine Gästefarm für Touristen aufzumachen.»

Auf der Farm besaß das Ehepaar schon das eine Häuschen für die Jäger. Aber für eine Gästefarm würde eine Erweiterung um mehrere kleine Wohneinheiten im Bungalow-Stil benötigt.

«Wenn man im Auto aus Windhuk kam», erinnert sich Helmut Bleks, «sah man auf halbem Weg neben der Straße eine Baubude stehen. Die war unbenutzt, und eigentlich guckte da keiner mehr hin. Jetzt aber hielt ich da mal an, nahm den alten Schuppen in Augenschein. Er gehörte einem Bauunternehmer aus Windhuk. Ich habe den Mann angerufen und gefragt: ‹Sagen Sie mal, die Baubude, die an der Daan-Viljoen-Straße steht, brauchen Sie die noch?›

‹Mit anderen Worten, Sie wollen sie haben?›, antwortete der Bauunternehmer.

‹Ja!›

‹Dann nehmen Sie sie doch.›

Wir mussten nichts dafür bezahlen. Wir durften die Bude, so, wie sie war, einfach abbauen und mitnehmen. Es war ein Fertighaus. Das haben wir in Einzelteile zerlegt, auf den Lkw geladen und sind damit nach Baumgartsbrunn gefahren, um das Ganze dort wieder aufzubauen», erzählt Bleks.

Die Innenwände strich Traudel Bleks neu an. «Das war eine Art Ölfarbe», erläutert sie. «Die roch so komisch, dass ich immer irgendwie high war.»

Wenig später gab es eine böse Überraschung. «Ich stand in dem neuen Gästezimmer und dachte, irgendwas stimmt nicht», erzählt Traudel Bleks. «Es sah aus, als würde die Wand sich wölben. Ich strich mit den Fingern über die Stelle, drückte ein bisschen, und da fiel plötzlich ein Teil der Innenwand ein. Sie hatte quasi nur noch aus der Ölfarbe bestanden. Die Bretter der Baubude waren völlig zerlöchert. Die Termiten hatten alles weggefressen!»

Weitere Gebäude entstanden in der Nähe des Bleks'schen Wohnhauses. Die Gästefarm wurde dann eingeweiht und war von Anfang an ein Erfolg.

Die Familie besaß damals einen schwarzen Flügel, auf dem der jüngste Sohn Matthias spielte. Er hatte lange im «Klippenhaus» gestanden – so nennen die Bleksens ihr erstes Haus unten am Damm. Eines der neuen Gästehäuser war etwas geräumiger als die übrigen. Die Familie beschloss, aus diesem neuen Haus eine Art Musikraum zu machen, den Matthias nutzen konnte, solange kein Gast das Zimmer belegte. Traudel Bleks besaß in jenen Tagen ein Buggy – einen Jeep mit großer, offener Ladefläche. Auf dieses Auto wurde das breite Instrument gehievt und mit Seilen befestigt. Zwei Arbeiter stellten sich dazu, um es abzustützen. Und dann steuerte Traudel Bleks den zerbeulten weißen Buggy im

Schneckentempo über die Schotterpiste. Zu Fuß liegen die beiden Häuser nur etwa zehn Minuten voneinander entfernt. Mit Rücksicht auf das empfindliche Instrument dauerte die Fahrt an diesem Tag sechsmal so lange.

Das Klavier wurde vorsichtig abgeladen und schräg in eine frei geräumte Ecke des Zimmers gestellt. «Das war ein herrlicher Platz zum Musizieren», meint Traudel Bleks.

Während Helmut Bleks jeden Tag im Schuldorf tätig war – wo hundert Kinder leben, gibt es immer irgendetwas zu organisieren –, kümmerte sich seine Frau um die Gästefarm. Das bedeutete Reservierungen koordinieren, Gäste empfangen und beschäftigen, aber auch kochen. Ein Fulltimejob. «Ich machte das eigentlich ganz gerne», sagt sie. Mit einer Einschränkung: «Ich fand es nur nicht so schön, wenn über eine längere Zeit sehr viele Gäste bei uns waren. Ich wollte den unterschiedlichen Besuchern immer gerne auch gerecht werden, und mir war die persönliche, individuelle Beratung wichtig. Helmut war aus wirtschaftlicher Sicht da oft ein wenig anderer Meinung.

Ob wir nun viele oder wenige Gäste hatten, jedenfalls war unser Hauptgebäude immer zu klein gewesen. Wir haben also um- und angebaut und hatten dann eine größere Küche und einen Esssaal. Daneben lag Helmuts Büro. Und gerade als alles fertig war, kam ein Unwetter … Oberhalb der Farmgebäude standen, wie überall auf den großen, einsam gelegenen Farmen, die Wassertanks aus Blech, die sich mit Regen beziehungsweise durch das Hochpumpen des Grundwassers füllen. Das ist in Namibia schwierig und teuer, denn Wasser ist ein äußerst knappes Gut. Darunter in der Senke lag die Lodge, also das Haupthaus mit dem Frühstücks- und Speiseraum», erklärt Traudel Bleks. «Man kann sich die Kraft eines Unwetters hier in Afrika nicht vorstellen. Es donnerte und blitzte, und der Regen kam in Strömen runter, und da lief das Wasser in den Behältern über. Der Boden bei uns ist von der Hitze meist ausgetrocknet und steinhart, das Wasser kann also nicht einsickern. Nun sah ich es plötzlich den Weg herunterschießen. Es prallte mit ganzer Wucht gegen die lange Wand des Speiseraums. Als ich rüberrannte, schwamm bereits alles durcheinander: das ganze Esszimmer und Helmuts Büro, Stühle, Tische. Das Wasser war unter der Tür reingekommen und stand jetzt fußhoch im Zimmer, bevor es auf der anderen Seite langsam wieder ablief. Mit vereinten Kräften haben wir alles wieder in Ordnung gebracht. Aber wir mussten uns schnell etwas überlegen. Ein Gully wurde gebaut, eine Rohrleitung am ganzen Haus entlang verlegt und in den Garten geführt bis runter ins Feld. Danach war es besser.»

Windhosen und eine fliegende Hundeschüssel

Den Naturgewalten ausgeliefert sein – daran hatten sich die Bleksens nach ihrer Auswanderung aus Deutschland erst einmal gewöhnen müssen. So kündigt sich die Regenzeit auf besondere Weise an: «Die Schwarzen sagen, wenn die Wirbelstürme beginnen, dann kommt der Regen», erzählt Helmut Bleks. «Dann sieht man schon von weitem diese Staubsäule über der Savanne nach oben ziehen. Das sind richtige Tornados. Die Windhose fängt dann an zu marschieren und wandert übers Feld.»

«Manchmal ist sie ganz sanft und gleitet über das Gras», meint Traudel Bleks. «Doch dann gibt es welche, die tosen richtig, das kann man von weitem schon hören.» Sie erinnert sich an einen Vorfall Anfang der achtziger Jahre: «Das war noch in der Zeit, als wir die neuen Gästehäuser bauten. Wir haben damals auch eine Remise als Unterstand für die Autos errichtet. Als die gerade fertig war, kam plötzlich eine Windhose und riss das Dach aus der Verankerung, sodass es hart auf den Boden schlug. Jetzt war das Wellblech total verbogen. Das haben wir mühsam wieder gerade gekloppt. Dann haben wir dicke Steine gesammelt und sie auf das Dach gelegt, um es zu beschweren, damit so etwas nicht wieder passiert. Aber nicht lange, dann kam wieder so ein Wirbelwind, hob erneut das Dach hoch, mitsamt den schweren Steinen, als wären die aus Styropor, und katapultierte alles in den Garten. Zum Glück war dort gerade kein Mensch. Die Steinbrocken fielen auch nicht auf die Zitrusbäume, sondern schlugen daneben ein.»

«Wie oft kommen denn diese Winde?», frage ich Traudel Bleks. «Die kommen eigentlich in jedem Jahr mehrmals», antwortet sie. «Einmal an einem Samstag lag ich im Bett. Es war Mittagspause, Helmut hatte sich auch hingelegt. Plötzlich höre ich ein wüstes Getöse. Ich denke: Jetzt kommt ein Wirbelwind. Ich werfe mir schnell etwas über, laufe raus, und da saust der Wirbelwind auch schon an mir vorbei, direkt in den Garten rein. Er zieht einen großen Kreis, verschwindet aus meinem Blickfeld, und dann höre ich ein lautes Klirren. So, jetzt ist ein Fenster kaputtgegangen, dachte ich. Ich gehe also wieder rein ins Haus, höre merkwürdige Geräusche in der Küche, und da steht Helmut im Schlafanzug mit dem Besen in der Hand vor dem Küchenschrank. Zu seinen Füßen liegen lauter Scherben und mittendrin die Hundeschüssel von draußen. Und im Fenster war ein riesiges Loch …»

Helmut Bleks gibt seine Version zum Besten: «Da will man etwas aus der Küche holen, steht da im Schlafanzug, denkt nichts Böses und kriegt plötzlich einen Hundefressnapf an den Kopf! Das war eine große Schüssel, da war das Futter dringewesen, der Wind hatte sie durchs Fenster geschleudert.»

Religion und Kirche in Namibia

In Namibia herrscht Glaubensfreiheit. Knapp fünfundachtzig Prozent der Bevölkerung sind Christen, davon zwanzig Prozent Katholiken, fünfzig Prozent Lutherische, sechs Prozent Reformierte und fünf Prozent Anglikaner. In Windhuk gibt es kleine jüdische und moslemische Gemeinden. Außerdem hält sich ein Fünftel der namibischen Bevölkerung an so genannte Naturreligionen. Welche Rolle spielte und spielt Religion in Baumgartsbrunn?

«Religiöses Leben hat es bei uns in der Schule immer gegeben», sagt Traudel Bleks. «Dafür sorgte schon der Meister David Hiponduka. Es gab zum Beispiel Morgenandachten, an denen die Schüler im Freien zusammenkamen und Lieder sangen. Das waren einerseits kirchliche Lieder, anderseits traditionelle Stammeslieder der verschiedenen Stämme, aus denen die Kinder kamen. Alle Kinder sangen die Volkslieder auch der anderen Stammesgruppen mit. So lernten sie es. Das war für sie zunächst komisch, aber sie haben sich schnell daran gewöhnt, und später fanden sie es schön, auch in den anderen Sprachen singen zu können.»

«In Namibia ist ein Gottesdienst im Grunde lebendiger und schöner als in Deutschland», findet ihr Mann. «Kinder schauen unter dem Talar hervor, während der Pastor spricht. Säuglinge trinken an der Brust der Mutter, damit sie still sind. Alles ganz unkompliziert.

In diesem Land ist es schon so, dass sehr viel vom atavistischen Glauben, vom Götterglauben, übernommen worden ist in das christliche Ritual. Der Gottesdienst selbst läuft teilweise aber genau so ab wie ein Gottesdienst in Deutschland.

Wenn die Kirche dazu aufruft, dann spenden die Einheimischen Geld, auch wenn sie sehr arm sind. Ich staune immer wieder darüber, wie das möglich ist: Wenn hier bei uns in Baumgartsbrunn eine Taufe stattfindet, dann hat jedes Mädchen ein schönes weißes Kleid an – dafür sparen die Eltern alles zusammen, sie machen sogar Schulden.»

Eine neue Küche oder eine Kirche?

Anfang der achtziger Jahre war Helmut Bleks die große Bedeutung der Kirche in Südwestafrika noch nicht bewusst. Die Schule war damals schon auf über dreihundert Kinder angewachsen. Neben allen organisatorischen Schwierigkeiten und dem chronischen Geldmangel belastete eine anhaltende Dürre das Leben in Baumgartsbrunn. «Im Khomas-Hochland wurde das Grundwasser, das wir mit Pumpen aus der Tiefe holten, immer weniger», erzählt Helmut Bleks. «Alle stöhnten. Wir standen vor der schweren Entscheidung, ob wir unsere Rinder verkaufen sollten. Um die Kinder nicht zu gefährden, haben wir uns schweren Herzens dazu entschlossen, abgesehen von ein paar Stück. Dadurch ergaben sich zum ersten Mal ein Überschuss an Geld und die Möglichkeit, eine größere Investition für die Schule zu machen. Die Schule war seit ihrer Gründung in ein paar Jahren so schnell gewachsen und wuchs noch immer. Klar war, dass wir eine neue und größere Küche bauen mussten. Ich besprach mich mit Traudel, und die war der Ansicht, dass wir nicht alleine über die Investition entscheiden sollten, sondern gemeinsam mit den Eltern unserer Schüler und den Lehrern. Das sah ich ein. Wir luden also alle zu einer großen Versammlung ein. Wie das so ist in Namibia, kamen sie nicht allein, sondern sie brachten die Großeltern mit, einige Enkel und andere Verwandte. Lehrer und Mitarbeiter kamen auch dazu. Es war eine riesige Gruppe. Wir saßen zusammen auf einem freien Feld, und ich sagte: ‹Ihr wisst ja alle, dass wir keine Rinder mehr haben, weil wir die verkaufen mussten. So trocken wie jetzt ist es ja selten – aber nun ist es eben mal so.

Jetzt haben wir einmal Geld, und ich könnte nun in unserer Schule etwas bauen, was wir dringend brauchen und auf das wir schon lange warten. Zum Beispiel könnten wir eine größere Küche und einen größeren Speisesaal bauen …›

Traudel und ich hatten vorher abgemacht, dass wir die Versammlung nach meiner Ansprache verlassen würden, damit die Zuhörer sich in Ruhe über unsere Vorschläge besprechen konnten. Wir fuhren also nach Hause, setzten uns auf die Terrasse und warteten gespannt auf die Entscheidung. Die Beratung dauerte und dauerte. ‹Ich hoffe doch sehr, dass sie meinen Küchen Vorschlag aufgreifen werden›, sagte ich zu Traudel.

‹Nun warte doch mal ab›, antwortete sie.

Schließlich kam der Versammlungsälteste zu uns auf die Terrasse. Der Mann sagte im Namen von allen einen Satz, den ich nie vergessen habe: ‹Also, Mister Helmut›, fing er an. ‹So nötig, wie unsere Kinder das Brot brauchen, so dringend brauchen sie auch das Wort.› Das war der Satz. Das war ihre Entscheidung. Ich habe erst gar nicht richtig begriffen, was er meinte. Als beide wieder gegangen waren, sagte Traudel: ‹Du, die wollen eine Kirche.›

Was? In mir schoss Jähzorn hoch. ‹Ja, sind die denn alle verrückt hier?!›, schimpfte ich. ‹Wir können alles Mögliche gebrauchen: Unterkünfte für die Kinder, Decken, Bekleidung … Ich renne bis abends rum und weiß nicht, was ich morgens den Kindern zu essen geben soll! Wir brauchen dringendst eine größere Küche, aber was wollen die? Die wollen eine Kirche … Das kann ja wohl nicht wahr sein!›

Traudel blieb ganz ruhig. ‹Du hast denen versprochen, sie hätten ein Mitspracherecht›, sagte sie. ‹Und nun haben sie entschieden, dass sie eine Kirche haben wollen. Also bauen wir jetzt eine Kirche.›

So ärgerlich ich zunächst war, so schnell habe ich dann doch gelernt, welche große Rolle in Namibia die Kirche für die schwarzen Menschen spielt. Die Alten können nicht lesen. Sie kennen die Geschichten ihrer Stämme, die von Generation zu Generation mündlich weitergegeben werden. Sie haben ein großes Wissen über die Natur, zumindest viele von ihnen. Für die christliche Lehre der Missionare waren sie ebenfalls sehr empfänglich und sind infolgedessen oft sehr gläubige und fromme Protestanten oder Katholiken, die dem Wort Gottes viel Bedeutung beimessen.»

Für einen Kirchenbau reichte das Geld, das zur Verfügung stand, aber noch nicht. Erst mit Hilfe einer großzügigen Spende der Versöhnungskirche Münster konnte der Wunsch der Afrikaner realisiert werden. Dies war auf Vermittlung des Pastors Karl-Anton Hagedorn geschehen, der zuvor bei einer Reise durch Namibia auch die Schule Baumgartsbrunn besucht hatte. Gebaut werden sollte nach Plänen des berühmten Architekten Professor Hans Scharoun, des Erbauers der Berliner Philharmonie. Er hatte 1932/33 das Elternhaus von Traudel Bleks in Löbau/Sachsen gebaut – die Villa Schminke, die noch heute existiert und unter Denkmalschutz steht. In den sechziger Jahren hatte der Architekt auf Vermittlung des Ehepaars Bleks in Bochum eine Kirche gebaut. Die damals verworfenen Entwürfe hatte Hans Scharoun Helmut Bleks überlassen. Diese zauberte Bleks nun aus einer alten Kiste hervor, und so konnten die Arbeiten an einer Kirche in Baumgartsbrunn beginnen.

«Es war aber schwierig», berichtet Helmut Bleks. «Wir hatten nur wenige gelernte Maurer zur Verfügung, sonst nur ungelernte Arbeiter. Ich bin unentwegt mit dem Zollstock rumgelaufen und habe gemessen und gemessen, weil die Winkel, die Professor Scharoun gezeichnet hatte, sehr schwierig waren. Aber wir bekamen das hin, und ein Statiker hat das Ganze dann auch abgenommen. Insgesamt war der Bau ein wunderschönes Erlebnis. Als die Kirche fast fertig war, kam die Frage auf, was für ein Altarbild wir denn haben wollten. Ein Altarbild ist etwas sehr Wichtiges und die Entscheidung entsprechend sehr schwierig. Wir besprachen uns mit einigen Pastoren aus den Nachbargemeinden. Was für ein Altarbild soll es hier in Baumgartsbrunn denn nun sein? Abstrakt kam für afrikanische Christen nicht infrage. Und diesen konventionellen Christus am Kreuz oder nicht am Kreuz wollte ich nicht haben. Wir haben also lange, lange darüber nachgedacht. Im Gespräch mit den bibelkundigen Pastoren kam uns die Erleuchtung. Jesus sagt in der Bibel von sich: ‹Ich bin das Licht der Welt. Wer mir nachfolgt, wird das Licht des Lebens haben.› Wir nahmen also das Licht als gültige Erscheinungsform des Christus. Es wurde dann so gemacht, dass wir über dem Altar eine vertikale Öffnung nach draußen einzogen. Wie ein langes Fenster. Das war der einzige Lichteinfall in der Kirche. Und in Afrika ist das Licht ja immer sehr stark. Da die Kirche ganz ohne Fenster gebaut wurde, ist der Effekt besonders beeindruckend: Der Lichtstrahl der Sonne legt sich wie ein Lichtband über den Altar. Die Metapher – Christus, das Licht der Welt – haben wir wörtlich genommen und, wie ich finde, besonders schön umgesetzt.»

Am ersten Adventssonntag des Jahres 1983 wurde die Kirche als «Michaels-Kirche» eingeweiht. Was Helmut Bleks, der als junger deutscher Soldat den Zweiten Weltkrieg mitgemacht hat, besonders freut, ist die Tatsache, dass die Kirche auf seiner Farm als Versöhnungskirche in die Nagelkreuzgemeinschaft aufgenommen wurde. Bleks macht auf einen Artikel aufmerksam, der anlässlich der Kirchenweihe in Windhuk erschien. Die Zeitung «Die Republikein» schrieb: «Das erste ‹Nagelkreuz›, aus drei großen Nägeln gebildet, entstand aus unversehrt gebliebenen Nägeln der hölzernen Dachkonstruktion der aus dem 14. Jahrhundert stammenden Kathedrale von Coventry, die im letzten Weltkrieg durch Bombenangriffe zerstört worden war. Junge Menschen aus Coventry und anderen Nationen fassten nach Kriegsende den mutigen Entschluss, der Zerstörung eine ‹Auferstehung› folgen zu lassen. Der Neubau der Kathedrale fand mit Hilfe der einstigen Feinde 1962 seine Vollendung und sorgte gleichzeitig für die Entstehung einer neuen, lebendigen Gemeinschaft des Dienstes für Menschen des 20. Jahrhunderts, einer Gemeinschaft, deren Herzstück der Dienst christlicher Versöhnung ist.»

Der Kirchturm, für dessen Bau das Geld zunächst nicht gereicht hatte, kam zwei Jahre später hinzu. Dieser wird praktischerweise zugleich als Wasserspeicher genutzt, als Sicherheit für kommende Trockenperioden. Oben in dem Turm wurde eine Glocke aufgehängt. «Wenn die Gemeinde unten das große Halleluja sang, wurde am Glockenseil gezogen. Dann rannten immer zwei, drei Kinder aus der Kirche raus und zum Turm hin und sahen sich das Läuten an», schildert Helmut Bleks mit einem Lächeln. «Das erinnert mich immer an Ostpreußen – genau so bin ich als kleiner Junge aus der Kirche gerannt, um zu sehen, wie die Glocke geläutet wurde.»

«Bei Ostpreußen», sagt er, «denke ich gleich an deine Tante Marion Dönhoff. Ich erinnere mich gut an den Moment, als sie das erste Mal in Baumgartsbrunn war und den Berg zur Kirche heraufkam. Auf einmal blieb sie stehen und staunte: ‹Ein Scharoun in der Wüste!›»

Ein guter und ein böser Engel – wer gewinnt?

«Die Kirche ist zum Mittelpunkt des Schuldorfs geworden», resümiert Bleks. «Eigentlich ist ja in jedem Dorf die Kirche der Mittelpunkt. Ich kenne gar keinen schwarzen Menschen, der nicht in der Kirche ist, keinen, der nicht in der Kirche getauft wurde. Wenn in unserer Kirche ein Gottesdienst stattfindet und dazu der Pfarrer angekündigt ist, zum Abendmahl, dann ist unsere Kirche voll. Die Gläubigen bringen auch ihre Kinder mit und lassen sie taufen. So ein Gottesdienst dauert vier Stunden. Traudel und ich nehmen regelmäßig daran teil.

Früher hatten wir den Pastor Frederik. Der war ein strenger Gottesmann. Ich erinnere mich noch an die Hochzeit von Eduard, einem unserer Vorarbeiter. Pastor Frederik hat die beiden erst mal vermählt. Sie mussten sich die Hand geben, standen vor ihm und wurden getraut. Dann rief der Pastor: ‹Wo sind eure Verwandten? Kommt mal alle hierher.› Da mussten die Verwandten nach vorne kommen. Dann wandte Pastor Frederik sich wieder an das Hochzeitspaar: ‹Und jetzt küsst euch!› Kannst du dich daran erinnern, Traudel?»

«O ja!», ruft Traudel Bleks. «Der Pfarrer hat dann erst mal der Frau die Leviten gelesen. Das sei jetzt ihr Mann, jetzt dürfte sie anderen Männern nicht mehr schöne Augen machen. An Eduard gewandt, sagte er: ‹Und du passt jetzt auf, du hast jetzt eine Frau! Dass du zu anderen Frauen gehst, das hört jetzt auf!› Dann wurde die Frau in Eduards Familie aufgenommen und Eduard in die Familie seiner Frau.»

«Die Kirche wird nicht nur für Gottesdienste genutzt»,

erklärt Helmut Bleks. «Auch für Musikabende, für größere Zusammenkünfte, zum Beispiel, wenn ich einmal zu allen Kindern und Mitarbeitern gleichzeitig sprechen möchte.»

So war es auch, nachdem ein Lehrer zu Mister Helmut gekommen war und gesagt hatte, einem Schüler sei Geld gestohlen worden. Zehn Rand (entsprach damals etwa zehn D-Mark). «Du musst dringend was tun. Wer das war, der muss bestraft werden», sagte der Lehrer. Daraufhin rief Bleks alle Kinder in die Kirche. Er stellte sich vorne hin und sagte: «Seht mal, das mit dem Klauen ist so eine Sache. Man sieht das Geld, man hat selbst nichts, man möchte gerne was haben – und es einem anderen wegzunehmen, das ist ja furchtbar einfach. Nun denkt mal darüber nach, wie viel mehr Mut derjenige, der das Geld geklaut hat, braucht, um es wieder zurückzugeben. Denn jedes Mal, wenn er es zurückgeben will, ist da so was wie ein böser Engel in ihm, und der sagt: Nein! Tu das nicht! Behalte das Geld! Aber da ist auch noch ein guter Engel in ihm, der sagt: Nun mach schon! Gib das Geld wieder zurück! Jetzt wollen wir doch mal sehen, welcher von diesen beiden Engeln gewinnt. Wir alle wollen gar nicht wissen, wer derjenige ist, der das Geld geklaut hat. Wir wollen nur wissen: Ist unter uns einer, der so mutig ist?» Bleks zeigte dann auf die Kirchentür und schlug vor, dass der Betreffende das Geld da drunter durchschieben möge. Danach verließen alle die Kirche. Helmut Bleks und die Lehrer waren gespannt, wie die Geschichte ausgehen würde. «Am nächsten Morgen», erzählt Bleks, «lag das Geld da. Aber es waren nicht nur die zehn Rand, sondern da waren noch fünf weitere hinzugekommen …!»

Dieselmotoren und Kirchenbänke

Während Helmut Bleks sich noch etwas Wein eingießt, fällt mir die merkwürdige Bestuhlung in der Baumgartsbrunner Kirche ein – es handelt sich um Bänke, die man wenden und damit beidseitig nutzen kann. Wer kam eigentlich auf die Idee und warum, frage ich ihn, und es folgt eine Geschichte, die zu erzählen dem passionierten Unternehmer offensichtlich Spaß macht: «Das hat eine Vorgeschichte. In der Zeit, als wir an Berufsausbildung für junge Leute dachten, stand eines Tages in Windhuk eine Reparaturwerkstatt für Bosch-Dieselmotoren-Einspritzpumpen zum Verkauf. Ich bin ja früher Geschäftsmann gewesen, und ich hatte Lust, mich auf diesem Feld in einem neuen technischen Gebiet wieder zu betätigen. Ich hatte mir Folgendes ausgerechnet: Wir haben fünftausend Farmen in diesem Land. Auf jeder Farm gibt es durchschnittlich vier Dieselmotoren für die Energieerzeugung mit Generatoren: macht zwanzigtausend Motoren. Die gehen natürlich immer mal wieder kaputt, ist ja klar. Zwanzigtausend Motoren laufen nicht immer gleichmäßig gut, also müssten in jedem Moment einige hundert kaputt sein. Die müssen repariert werden – davon kann man leben. Eine gute, spezialisierte Werkstatt könnte hier eine Marktlücke schließen, lukrativ sein und langfristig vielen Menschen die Existenz sichern. So einfach war die Rechnung. Also habe ich die Werkstatt gekauft. In der Werkstatt konnte man nicht bleiben, aber wir fanden mitten in Windhuk in einer alten Brauerei einen geeigneten Ersatzraum, den wir anmieteten und in den wir umzogen. Windhuk ist ein günstiger Ort für eine Werkstatt, weil im Grunde alles, was für die Farmbetriebe in Namibia gebraucht wird, ohnehin über die Hauptstadt geliefert wird, weil dort die Logistik am besten vorhanden ist.

Dann suchten und fanden wir einen ausgebildeten Monteur für Dieselaggregate. Der wurde angestellt, hat dort gearbeitet, und wir haben unsere Schulabgänger zu dem geschickt, damit sie bei ihm eine Ausbildung machen konnten. So haben wir uns eine eigene Ausbildungswerkstatt geschaffen. Diese Reparaturwerkstatt für Dieselmotoreinspritzpumpen war eine der ganz wenigen Spezialwerkstätten in Namibia, und entsprechend gut wurde die Auftragslage. Viele unserer Schüler haben dort eine Ausbildung absolviert, etliche sind dann fest übernommen worden. Heute arbeiten dort achtundzwanzig Menschen. Am Anfang war die Werkstatt noch Zuschussgeschäft, aber bald hat sie mit Gewinn gearbeitet. Ich wollte, dass die Angestellten allmählich die Kaufsumme aufbringen, ohne Zinsen, um mir das investierte Startkapital wieder auszuzahlen. Am Ende würde die Werkstatt dann ihnen gehören. Ich hatte nur die Bedingung gestellt, dass sie interessierten Schülern aus Baumgartsbrunn eine Ausbildung ermöglichen. Das Zurückzahlen ging sehr schleppend, manchmal kam was und manchmal nicht. Ich hab sie angemahnt und manchmal auch geschimpft: ‹Ihr seid aber schlechte Unternehmer!› Doch sie haben es schließlich geschafft.

Eines Tages kam einer von ihnen aus Windhuk und stand plötzlich in meinem Büro. ‹Mister Helmut›, sagte er. ‹Du hast immer geschimpft über die Stühle in der Kirche, weil wir so laut waren mit denen – kannst du uns nicht ein paar Bänke in Auftrag geben?› Dazu muss man wissen, dass in der Kirche damals ganz einfache Stühle standen, und immer, wenn die Kinder sich bewegten, gab es einen Mordslärm. Der Pastor wurde sehr gestört. Die Idee, dort Bänke aufzustellen, fand ich gut. Das habe ich dem Einspritzpumpenmechaniker gesagt. Aber ich wandte ein, dass sie doch eine mechanische Werkstatt wären. Da erzählte unser ehemaliger Schüler von seinem Bruder, der nebenan eine Schreinerei aufgemacht hatte. Sie wollten gemeinsam die Bestuhlung für unsere Kirche herstellen. Ich fand das eine gute Idee und kündigte an, ihnen eine Zeichnung für die Bänke anzufertigen.» Im Hinterkopf hatte Bleks die Hoffnung, parallel ein zweites Problem lösen zu können: «Wir haben in der Kirche auf der einen Seite den Altar, aber auf der gegenüberliegenden Seite ist die Bühne, auf der manchmal ein Chor singt oder sonstige Aufführungen stattfinden. Manchmal müssen die Kirchenbesucher sich also umdrehen. Das gab dann wieder ein endloses Schieben und Kratzen mit den Stühlen. Dafür suchten wir schon lange eine Lösung.»

Bleks setzte sich an seinen Schreibtisch und entwarf eine spezielle Bank, die man kippen konnte. Mal war also die Rückenlehne Sitzfläche, und wenn man sie wieder zurückkippte, war es andersherum. Diese Bänke wurden in der Schreinerei gebaut und nach Baumgartsbrunn transportiert. In der Kirche wurden die Beine der Bänke fest im Boden verankert. «Die Sitzfläche lässt sich wunderbar kippen. Das hat sich bis heute bewährt, und die Jungs in der Werkstatt, die haben darauf gleich ein Patent angemeldet», sagt Bleks stolz und fügt schmunzelnd hinzu: «Übrigens, ohne mich zu fragen.»

Weber Willibald und die ersten Werkstätten

Seit Ende der siebziger Jahre wurden zusätzlich zu den Schul- und Wohngebäuden in Baumgartsbrunn Werkstätten eingerichtet, in denen die Schüler ein Handwerk erlernen konnten. Welche Idee stand dahinter?

«Wir lebten damals immerhin seit sieben Jahren in Namibia», erläutert Helmut Bleks. «Wenn man durch das Land reiste und mit Unternehmern, Farmern oder Lodge-Betreibern sprach, hörte man oft, dass sie nach ausgebildeten Leuten suchten und keine fanden. Es gibt bestimmte handwerkliche Fähigkeiten, die immer gebraucht werden. Das sind Mauern, Schreinern, Schneidern und auch das Schustern. So fassten wir also den Plan, auf dem Schulgelände Werkstätten einzurichten, wo die Schüler zumindest die Grundausbildung in verschiedenen Handwerksberufen erhalten sollten.»

Parallel zu diesen neuen Überlegungen hatte Traudel Bleks schon begonnen, Schüler in einem Handwerk zu unterrichten. Sie erzählt: «In Namibia gab es Ende der siebziger Jahre kaum Webereien. Der Bedarf an Wollwaren und Teppichen war aber vorhanden. Da lag es eigentlich nahe, dass wir interessierten Schülern das Weben beibrachten. Nach dem Krieg hatte ich in Löbau in der Lausitz, wo ich herkomme, bei einer Handarbeitslehrerin Weben und Spinnen gelernt. Nun konnte ich das, was ich damals gelernt hatte, hier an junge Leute weitergeben, das gefiel mir. Wir hatten Wolle von Karakulschafen, die hier in der Region Windhuk gezüchtet werden. Daraus wollten wir zum Beispiel Teppiche weben, wie das beim hier lebenden Volk der Ovambo immer schon Tradition war.»

Gab es denn in Baumgartsbrunn einen Webstuhl?

«Nein», meint Traudel Bleks. «Damals hatten wir natürlich keinen einzigen Webstuhl. Da musste man sich etwas einfallen lassen. Ich fuhr nach Windhuk und fand alte Weintraubenkisten aus Holz. Ich besorgte Nägel und fuhr wieder nach Hause. Mit den Kindern aus der ältesten Klasse setzte ich mich in einen Kreis. Jeder hatte vor sich eine Kiste. Wir drehten die Kiste um, und dann habe ich erklärt: ‹Zuerst zieht ihr mit eurem Stift gerade Striche über das Holz, und dann macht ihr jeden Fingerbreit einen kleinen Querstrich.› Ich machte ihnen das vor, und sie machten es nach. Dann verteilte ich die Nägel, die wir im Zentimeterabstand mit einem Stein in die Kiste gehämmert haben. Meister David Hiponduka kam noch dazu. Er hatte Bast besorgt. Mit dem Bast haben wir Strippen von einem Nagel zum anderen gespannt. Am Ende hatte jeder seinen kleinen Webrahmen. Da wir keine Nadeln hatten, haben wir uns Weberschiffchen aus Pappe geschnitten. Ja, und so haben wir mit dem Weben begonnen.

Die Kinder waren unheimlich geschickt und kamen schnell voran. Ich habe uns dann bei der Landwirtschaftsausstellung in Windhuk angemeldet. Wir sind mit einigen Sets und Tischschmuck hingefahren und haben sogar gleich beim ersten Mal einiges verkauft.

Weil die Weberei bei den Kindern ein Erfolg war, haben wir dann auch Spinnunterricht eingerichtet. Wir hatten in Windhuk einen Schreiner, der Webrahmen baute und Spinnräder. Zu einem günstigen Preis fertigte er uns einige Exemplare an. Damit lernten die Kinder nachmittags auch das Spinnen. Auf dem neuen großen Webrahmen konnten sie jetzt richtig mit Karakulwolle weben. In einem Kurs waren zwei Jungen, die besonders begabt waren. Beide konnten wir an die Stadt Karibib vermitteln. Dort gab es eine richtige Webschule, in der eine gelernte Weberin den Jugendlichen das Teppichweben beibrachte.

Später gab es noch den Willibald. Er war Schüler bei uns und ebenfalls sehr talentiert. Er entwarf tolle Muster und war ungeheuer fleißig, sogar in seiner Freizeit. Den haben wir auch auf die Webschule in Karibib vermittelt und seine Ausbildung finanziert. Es war abgemacht, dass er anschließend wieder zurückkommt nach Baumgartsbrunn und unseren Schülern das beibringt, was er gelernt hatte. Schon während seiner Ausbildung hat er wunderbare Teppiche gewoben, die in Windhuk verkauft wurden. Und dann kam er, wie verabredet, zu uns als Lehrer in die Weberei. Kurz darauf hat er sich dann in die Clara verliebt, eine Lehrerin. Es wurde geheiratet. Die beiden zogen zusammen. Und dann, eines Nachts, passierte das Unglück … Der Willibald hatte wohl etwas zu viel getrunken und ging in der Nacht nochmal raus. Vorher hatte er aber Krach mit seiner Frau gehabt, und die hat, während er austreten war, die Tür verriegelt. Als er von der Außentoilette zurück ins Haus wollte, hat sie ihn nicht reingelassen. Er war sehr temperamentvoll und hat gebrüllt. Aber sie war mindestens genauso temperamentvoll und blieb stur. Da hat der mit der flachen Hand eine Fensterscheibe eingeschlagen und sich dabei furchtbar geschnitten. Man musste befürchten, dass er verblutet. Wir haben ihn im Eiltempo nach Windhuk ins Krankenhaus gefahren. Da haben sie ihm die Sehnen nicht nach innen unter die Haut, sondern außen darüber gelegt. Das war sehr interessant, fand ich. Der lief also ein Jahr herum mit diesen Sehnen außen und konnte zum Glück alle Finger bewegen. Man sah, wie die Mechanik funktionierte, wie bei einem Klavier. Nach einem Jahr war alles wieder in Ordnung. Er ist später leider von uns weggezogen, weil seine Clara wegging, nach Windhuk. Aber Jahre später bei einer Ausstellung sah ich einen wundervollen Teppich, darauf waren alle Instrumente eines Orchesters auf blauem Untergrund zu sehen. Ich wusste sofort, wer den gemacht hatte: Das war der Willibald!»

Die nächste Werkstatt, die in Baumgartsbrunn eingerichtet wurde, war eine Lederwerkstatt. Dafür wurde eigens ein neues Haus errichtet. Im Laufe der Jahre kamen noch eine Schneiderei und eine Schreinerei und später eine Buchbinderei hinzu.

Springbock-Gulasch mit Spätzle

Beim stundenlangen Erzählen von der Anfangsphase in Baumgartsbrunn ist auch für uns drei in Swakopmund die Zeit zum Abendessen gekommen. Traudel Bleks schlägt vor, um die Ecke in die «Kupferkanne» zu gehen. Kurz darauf sitzen wir in dem Restaurant, in dem «typisch deutsche» Küche angeboten wird, von Kasseler Rippenspeer mit Sauerkraut bis Königsberger Klopse. Allerdings werden auch deutsch-namibische Kombinationen angeboten, heute zum Beispiel Springbock-Gulasch mit Spätzle. «Die nehme ich!», sagt Traudel Bleks. Als die Wirtin, eine junge Deutsch-Namibierin und schon lange mit Bleksens bekannt, ihr die Karte zum Vergleich anbietet, lehnt Traudel Bleks ab, sie liebt Spätzle. «Ihr Vater war Nudelfabrikant, das schlägt bis ins Alter durch», kommentiert ihr Mann. Er entscheidet sich für Ente mit Kartoffeln. Ich nehme die Königsberger Klopse, und für eine Weile hat man vergessen, dass wir uns von Deutschland zehntausend Kilometer weit entfernt an der Westküste Afrikas befinden.

«Wenn wir jetzt schnell nach Hause gehen, können wir die Tagesschau noch sehen», meint Traudel Bleks nach dem Abendessen. Es war aber bereits kurz vor neun!

In der Ferienwohnung hat das Ehepaar einen kleinen Fernseher, der per Satellit deutsches Fernsehen empfängt. Die Tagesschau um neun? Bleksens unterscheiden die Nachrichten um acht und die um neun. Namibia rechnet wie die Republik Südafrika zur Zeitzone Kairo–Johannesburg, die um eine Stunde der in Deutschland geltenden MEZ vorausliegt. Also empfängt man in Namibia «Heute» im ZDF um acht, die «Tagesschau» der ARD um neun Uhr abends. Die rund zwanzigtausend deutschsprachigen Namibier sind deswegen erstaunlich aktuell über Deutschland und die Welt informiert. So auch Traudel und Helmut Bleks.

KAPITEL 3

Südwestafrika 1983–1990

Swakopmund, am 3. Dezember 2004. Vormittags
Wie gestern sitze ich mit Traudel und Helmut Bleks in ihrer kleinen Ferienwohnung in Swakopmund mit Blick aufs Meer, dem der Benguelastrom aus dem antarktischen Südatlantik eine Wassertemperatur von höchstens siebzehn Grad verleiht. Wir nehmen unsere Stammplätze ein. Unsere Unterhaltung verläuft lebhaft. Mein Tonband läuft mit.

Die Leoparden und der Tod

Nicht nur Kinder und Lehrer wohnen auf der Farm Baumgartsbrunn. Das Gelände ist mit seinen sechstausend Hektar riesengroß und die Heimat von wilden Tieren. Mindestens ein Leopard gehört ebenfalls zu den Bewohnern. Leoparden sind äußerst scheue Tiere. «Zum ersten Mal sah ich einen, als ich eines Abends von der Schule nach Hause unterwegs war», sagt Helmut Bleks. «Ich fuhr den Berg vor dem Wäldchen hoch, und da sah ich zuerst nur die beiden Augen. Die glühen grün. Und dann sah ich die Silhouette. Im nächsten Moment war der Leopard schon wieder verschwunden.»

«Ich habe ihn noch nicht gesehen», erklärt Traudel Bleks. «Ich bin auch ein bisschen vorsichtig. Wenn ich mit dem Hund spazieren gehe, achte ich immer darauf, dass ich nicht in die Dämmerung komme. Diese Raubkatzen jagen bekanntlich im Dunkeln.»

«Wie gefährlich sind Leoparden denn tatsächlich?», frage ich.

«Meiner Ansicht nach greift kein wildes Tier, auch kein Raubtier, dich an, wenn du nicht seine biologische Lebensordnung störst oder seinen Jungen zu nahe kommst. Sie greifen eigentlich nie an, wenn sie sich nicht angegriffen fühlen», antwortet Helmut Bleks.

«Ich habe mal zwei kleine Leopardenbabys gesehen», sagt Traudel Bleks. «In der Etosha-Pfanne, dem großen Nationalpark im Norden Namibias. Es war Anfang Oktober, also mitten im hiesigen Frühling. Die Sonne schien am Morgen schön warm. Ich bin aus dem Camp rausgefahren zur Wasserstelle, um Tiere zu beobachten. Aus dem Auto aussteigen darf man nicht, sobald man das Camp verlassen hat. An der Wasserstelle war nichts los. Ich fuhr wieder zurück. Dicht neben der Straße, die direkt auf das Camp zugeht, liefen plötzlich zwei Leopardenbabys herum. Entzückend! Ihre Mutter habe ich nicht gesehen, die war wohl irgendwo nahebei im Busch. Weil es so warm war, legte sich das eine in den Schatten. Das zweite suchte auf beiden Seiten der Piste nach einem kühlen Plätzchen. Ich konnte nicht vorbeifahren, sonst hätte ich es womöglich überrollt. Ziemlich bald kam die Sonne zu dem ersten, es stand auf und trollte sich ein bisschen weiter ins schattige Gebüsch. Schließlich kam die Sonne auch zu dem zweiten, das sich ebenfalls in den Busch verzog. Es war rührend. Ich konnte mich an den beiden gar nicht satt sehen.»

«Ich habe mal draußen übernachtet», fällt ihrem Mann ein. «Das war romantisch. Bei uns beginnt ein Flussbett und geht dann als *dry river* bis nach Walvis Bay. Das ist so ein Trockenfluss, der fließt nur in der Regenzeit. Sonst liegt er trocken da und hat nur hier und da Tümpel. Für das Wild ist das gut, weil es in der Trockenzeit immer noch auf diese sicheren Wasserstellen trifft und überleben kann. Landschaftlich ist es dort wunderbar: Die Trockenflüsse sind Millionen Jahre alt und haben große Steine ausgewaschen. Die Steine sind durch Erosion ganz besonders geformt und haben Rundungen oder Schwünge so schön wie Skulpturen von Henry Moore. Wunderbar! Und weil diese Stelle so schön ist, habe ich dort mal übernachtet. Es ist herrlich, im Schlafsack zu liegen und unterm Sternenhimmel einzuschlafen. In Namibia ist das Firmament mit Sternen übersät, denn es gibt ja auf dem Land keinerlei andere Lichtquellen durch Städte oder

Straßenbeleuchtung. Ein grandioser Anblick! Am nächsten Morgen wache ich auf, weil ich das Gefühl habe, ich werde beobachtet. Und tatsächlich: Unten im Trockenfluss stand ein Leopard in der Sonne mit zwei Jungen. Die spielten wie Hauskätzchen. Aufzuwachen mitten in der Natur und gleich spielende Leoparden zu sehen – das war ein besonderes Geschenk. Sicherheitshalber griff ich trotzdem nach meinem Gewehr, das ich neben den Schlafsack gelegt hatte. Da merke ich, dass ich im Schlaf runtergerollt war. Das Gewehr lag höher am Hang, ich konnte es nicht erreichen. Die Gefahr, in der ich mich nun befand, war mir sehr bewusst. Weil ich mich bewegt hatte, war die Leopardenmutter auf mich aufmerksam geworden und fixierte mich scharf. In so einem Fall gilt mein erster Blick natürlich dem Schweif, um zu sehen, ob das Tier aggressiv ist. Die Leopardin stand aber ganz friedlich da und äugte … und ich äugte von oben zurück. Dann wandte sie sich wieder ab. Die Kinder spielten um sie herum. Es war wie im Theater. Ich bewegte mich nicht, vergaß alles um mich herum. Irgendwann zogen die drei Tiere weiter, aber nicht, ohne sich immer wieder umzudrehen, immer wieder zu äugen. Es war ein herrlicher Anblick, aber zum Schluss war ich doch sehr erleichtert, dass die Begegnung so glimpflich verlaufen war.»

«Ist denn bei euch in der Schule mal ein Leopard aufgetaucht?», frage ich Helmut Bleks.

«Ja, ab und zu findet man seine Spuren in der Umgebung. Aber passiert ist nie etwas. Das Areal ist ja eingezäunt. Eigentlich sind Leoparden sehr scheue Tiere. Aber nicht immer. Es ist noch gar nicht lange her, da war bei uns eine Besuchergruppe aus Deutschland. Wir saßen zusammen draußen auf dem Rasen, und ich wurde gefragt, wieso ich gerade nach

Namibia gekommen sei, es gebe doch auch andere schöne Plätze … ‹Ich finde es hier einfach sehr schön›, sagte ich, und im selben Moment sah ich über ihre Köpfe hinweg, wie ein Leopard hinter dem Zaun vorbeiging. ‹Wenn Sie sich jetzt umdrehen›, habe ich gesagt, ‹dann sehen Sie, warum ich genau dieses Land so liebe …› Alle drehten sich um und erstarrten. Der Leopard fixierte uns kurz und ging dann gemächlich weiter.»

Traudels Station und die neue Klinik

Eine Schule auf dem afrikanischen Kontinent – da denkt ein Europäer unweigerlich an gefährliche Tiere, vielleicht nicht gleich an Leoparden, aber an Insekten zum Beispiel und giftige Kriechtiere. Doch davon blieb die Schule insgesamt verschont. Unfälle unter Schülern gab es nur auf dem Sportplatz oder beim Herumtollen im steinigen Gelände. Und natürlich gab es die üblichen Krankheiten, die man in Schulen behandeln muss: Zahnschmerzen, Kopf- und Bauchweh.

War es was Ernstes, wurden die Kinder nach Windhuk zum Arzt oder ins Krankenhaus gefahren. Aber um die leichteren Fälle hat sich vor allem Traudel Bleks gekümmert. In den ersten Jahren hat sie eine kleine Krankenstation betrieben, wo sie ein- bis zweimal die Woche ihre Sprechstunde abhielt. «Da war zuvor ein Container vom Roten Kreuz angekommen – eine Spende», erinnert sie sich. «Darin waren zwei Betten, eine Trage, ein Schrank und eine Menge Medikamente. Damit haben wir die Station eingerichtet. Wenn ich da war, kamen die Kinder an, standen in langen Schlangen und wollten gerne von der ‹Misses› behandelt werden. Spritzen durfte ich keine geben, ich bin ja keine ausgebildete Schwester. Aber Wunden behandeln und verbinden, das konnte ich. Ich hatte immer ein paar Kekse da, zur Belohnung, wenn ein Kind sehr tapfer gewesen war. Das sprach sich unter den kleinen Patienten natürlich herum. Medikamente habe ich nicht ausgegeben. Wenn es nötig war, wurden ernsthaft erkrankte Kinder ja in Windhuk behandelt. Damals gab es einen jungen

Zahnarzt. Er hatte sich in seinem Auto eine mobile Zahnwerkstatt ausgebaut und fuhr damit über Land und auf den Farmen herum. Der kam dann regelmäßig auch bei uns vorbei und kümmerte sich um die Kinder.» Traudel Bleks erinnert sich an einen besonderen Patienten. «Der Junge war ein bisschen schüchtern. Er sprach nicht viel, war ein ganz lieber kleiner Kerl. Ich mochte ihn sehr. In der heißen Zeit, nach den Weihnachtsferien, kam er zurück und hatte eine Wunde am Schienbein, die sich böse entzündet hatte. Es musste desinfiziert und behandelt werden. Das hat natürlich gebrannt wie Feuer. Der arme Junge war sehr tapfer, hat gezuckt und gezappelt, aber nicht geweint. Natürlich hat er einen Keks bekommen. In der nächsten Woche stand er wieder in der Schlange, wieder mit einer Verletzung an fast der gleichen Stelle. Ich behandelte ihn also noch einmal. Es schien alles in Ordnung, aber eine Woche später war der Kleine schon wieder da. Und schon wieder war es dieselbe Wunde …», sagt Traudel Bleks.

«Er wollte, dass sich jemand um ihn kümmert», vermutet ihr Mann. «Du warst immer sehr fürsorglich, hast mit den Kindern gesprochen, sie in den Arm genommen. Danach sehnten sie sich. Viele haben ja keine Mutter mehr und brauchten einfach Zuwendung.»

Traudel Bleks nickt. «Es ist komisch», fährt sie dann fort: «Dieser Junge war einerseits furchtbar schüchtern, aber anderseits stand der kleine Kerl regelmäßig vor seiner Klasse und sang ein Lied!»

«Du, den traf ich neulich auf der Straße in Windhuk!», fällt Helmut Bleks an dieser Stelle ein. «Er sagte: ‹Kennst du mich noch? Ich war doch der, der immer gesungen hat. Weißt du das noch?› Ich sagte: ‹Natürlich weiß ich das.›»

Diese Szene ist typisch. Wenn der Schulgründer Helmut Bleks durch Windhuk spaziert, wird er häufig von ehemaligen Schülern von Baumgartsbrunn erkannt und begrüßt.

Anfang der Achtziger gab es in Baumgartsbrunn eine neue Entwicklung bei der medizinischen Versorgung. Helmut Bleks erzählt: «Mittlerweile hatten wir über dreihundert Kinder. Da haben wir es so eingerichtet, dass jeden Tag ein Auto mit den erkrankten Kindern nach Windhuk fuhr. Bei so vielen Kindern war eine tägliche Fahrt in die Stadt nötig. Das ärgerte mich zunehmend. Eines Tages aber sprach mich der damalige Gesundheitsminister an. Das war ein sehr nobler Mensch, der meinte: ‹Eine Klinik bei euch da draußen, das wäre genau das Richtige. Dann könnte nämlich alles, was von Westen über die Straße, die bei euch vorbeiführt, kommt, abgefangen werden. In Windhuk würde das die Krankenhäuser und die Wartezimmer entlasten.› Er wollte den Bau einer Klinik auf unserem Schulgelände finanziell unterstützen. Wir benötigten aber einen zusätzlichen Spender. In jenen Tagen bekam ich einen Anruf von einer Nachbarfarm. Die war frisch verkauft worden. Die neuen Eigentümer waren Hamburger und Mitglied im Lions Club. Wir kamen ins Gespräch. Dabei fiel der Name Stöbe. ‹Stöbe?›, fragte ich nach. ‹Dr. Fritz Stöbe?›

‹Ja, der ist bei uns Präsident im Lions Club in Stormarn.›

Es stellte sich heraus, dass es just jener Fritz Stöbe war, der auch bei Rexroth in Lohr gearbeitet hatte. Ich nahm den Kontakt wieder auf und rief ihn an, gespannt, ob er sich nach so vielen Jahren noch erinnern würde. Er reagierte sofort: ‹Bist du noch in Afrika? Machst du noch die Schule?›, fragte er.

‹Ja›, sagte ich. ‹Hör mal, Fritz, du bist doch jetzt Präsident

Helmut Bleks in seiner Wohnung in Swakopmund im Dezember 2004

Helmut Bleks in den 1940er Jahren

Traudel Bleks 1960 in Bochum

Ein neuer Anfang als Schulgründer in Namibia

Traudel Bleks mit Pastor Nakhamela, dem Schulleiter David Hiponduka und einem Lehrer der Schule (von rechts)

Blick auf Baumgartsbrunn. Die Kirche wurde nach den Plänen des Architekten Hans Scharoun gebaut

Meister David übt mit den Schülern eines seiner selbst komponierten Lieder ein

Im Schuldorf

Pausenbrote für die Grundschulkinder

Das Khomas-Hochland, westlich von Windhuk, wo Helmut Bleks 1971 die Farm Baumgartsbrunn kaufte

Helmut Bleks
im Gespräch

Ausbildung
in Baumgarts-
brunn:
servieren,
in der Groß-
küche,
beim Weben

Das Institut für Haus- und Landwirtschaft; im Innenhof die landestypischen Kameldornbäume

Natureindrücke aus Namibia: Etosha-Nationalpark (oben)
Düne der Namibwüste (unten)
Eine der scheuesten Großkatzen der Welt: Leopard im Buschland (links)

Ingrid Pietersen und Johanna Mbelli

Friedrich Dönhoff und das Ehepaar Bleks

Lehrerin in der Tracht der Herero

Helmut Bleks' rechte Hand: Reinharde Shilongo

Edvig Shikongo

Traudel und Helmut Bleks an der Mole in Swakopmund,
Dezember 2004

vom Club in Stormarn? Ich brauche deine Hilfe. Wir brauchen dringend Unterstützung zum Bau einer Klinik hier im Schulprojekt.»

Es entstand eine Pause. Dann sagte er: ‹Helmut, das ist ja ein merkwürdiger Zufall. Wir haben gerade eine Spende bekommen, die ausschließlich für Kinder bestimmt ist.›

‹Ach!›, sag ich.

‹Ja›, meint er, ‹in Hamburg ist eine Frau gestorben, die hatte am Hauptbahnhof einen Kiosk. Sie hat uns ihr ganzes Geldvermögen vermacht und hervorgehoben, wir sollen nach Möglichkeit Kindern damit helfen.›

‹Ich habe hier über dreihundert Kinder!›, sagte ich.

‹Also, da sollten wir mal ernsthaft drüber sprechen›, schlug Fritz Stöbe vor. Das taten wir dann auch, und so wurde schließlich mit Hilfe der Kioskbesitzerin vom Hamburger Hauptbahnhof eine Klinik in Namibia gebaut. In der Klinik hängt heute noch ein Foto von der Frau. Und daneben ein Foto von dem Kiosk.

Ich hatte damals versucht, auch finanzielle Mittel für eine Zahnstation zusammenzubekommen, aber das ist mir nicht gelungen», bedauert Helmut Bleks. Aber sichtlich vergnügt erzählt der alte Mann dann folgende Geschichte: «Zufällig gab es 1985 eine Schulklasse in Norddeutschland, die sich im Unterricht mit Philosophie und Ethik befasste. Da ist ein Mädchen aufgestanden – so wurde mir später berichtet – und hat gesagt: ‹Ich habe neulich in der Zeitung einen Artikel von der Gräfin Dönhoff gelesen. Darin ging es um eine Schule in Afrika. Müssen wir denn über Kants kategorischen Imperativ immer nur reden? Lasst uns das doch mal in die Praxis umsetzen und helfen!› Und dann sind diese Schülerinnen und Schüler herumgegangen in Norddeutschland und haben

Geld gesammelt. Fünftausend Mark haben sie zusammenbekommen. Mit dieser Hilfe konnten wir die Zahnstation doch noch aufbauen. Der junge Zahnarzt mit seiner mobilen Station half uns bei der Auswahl und Beschaffung des Mobiliars und der Instrumente für die Praxis. Das wurde alles in Windhuk besorgt und in die neue Klinik eingebaut. Er selbst kam dann regelmäßig vorbei und untersuchte die Kinder in dieser neuen Station.»

Eine Stiftung wird gegründet

Seit der Gründung 1972 ist das Schuldorf Baumgartsbrunn stetig gewachsen: Immer mehr Jungen und Mädchen nutzten die Möglichkeit einer Schulausbildung. Doch finanziell balancierte das Projekt stets am Abgrund. Einnahmen waren in den ersten Jahren durch die Rinder- und Jagdfarm, später die Gästefarm hereingekommen. Diese Mittel reichten nicht immer. Die Zahl der Kinder, von denen keines Schulgeld zahlen konnte, wuchs und wuchs. Hinzu kamen schwankende Preise in der Rinderzucht. Doch dank dem geschickten Wirken des geübten Managers Bleks und dank der Hilfe anderer Menschen in Namibia und in Deutschland konnte das Schuldorf von Jahr zu Jahr weiterexistieren, konnten in jedem Jahr etwa fünfzig Jungen und Mädchen Baumgartsbrunn mit einer Schulbildung wieder verlassen. Jedoch war schon während der Anfangsjahre klar geworden, dass eine grundsätzliche Lösung für die Zukunft gefunden werden musste. 1983 war es so weit. «Wir bekamen Besuch von einem Bundestagsabgeordneten, dem damaligen Vorsitzenden des Auswärtigen Ausschusses. Er sah sich die Schule an, schaute beim Unterricht zu, war beim Essen dabei und schlug vor: ‹Sie müssen dringend eine Stiftung gründen, damit Organisationen und Stiftungen in Deutschland wie zum Beispiel das BMZ, das Bundesministerium für wirtschaftliche Zusammenarbeit und Entwicklung, Sie fördern kann. Baumgartsbrunn ist förderungswürdig, also versuchen Sie es doch mal!› Wir haben uns das während der nächsten Tage überlegt», erklärt Bleks. «Wir fanden es eigentlich so, wie es war, genau richtig. Familie und Schule, das passte gut zusammen. Von Fremdbestimmungen wollten wir möglichst frei sein.»

«Warum eigentlich?», möchte ich wissen.

Heute ist Bleks' Einstellung dazu selbstkritisch: «Ich kannte mich ja selbst am besten, von früher, von meinen Jahren als Manager: Am liebsten wollte ich immer alles alleine regeln und entscheiden, ohne großen Vorstand und langwierige Abstimmungsprozesse. Anderseits leuchteten mir die Vorteile einer Stiftung immer deutlicher ein. Nicht nur, dass Spenden, worauf die Schüler bei uns angewiesen waren, auf diese Weise leichter fließen konnten – auch die Tatsache, dass das Projekt Baumgartsbrunn damit auf einem breiteren Fundament ruhen würde, sprach für die Gründung einer Stiftung.»

Die Verträge wurden von einem Rechtsanwalt in Windhuk ausgearbeitet. «Das war viel Arbeit», sagt Bleks. «Als ich dafür bezahlen wollte, sagte der Mann: ‹Danke, aber behalten Sie das Geld, Sie brauchen es für Ihre Kinder.› Bei der Gelegenheit will ich überhaupt mal herausstellen, dass es unglaublich ist, wie viele Menschen uns damals halfen: Schwarze und Weiße!», sagt Helmut Bleks. «Ohne sie hätten wir viele Hindernisse nicht überwinden können. Dankbar bin ich natürlich auch unseren eigenen Kindern, dass sie das ganze Projekt und das damit verbundene Leben immer so mitgemacht haben.»

Nachdem 1983 die «Helmut Bleks Foundation» gegründet war, kamen Spendengelder herein, und die manchmal sehr prekäre finanzielle Situation konnte erst einmal entschärft werden. Seit Mitte der Achtziger fuhr Helmut Bleks regelmäßig nach Deutschland, um dort mit Vorträgen auf das

Schuldorf aufmerksam zu machen und Spenden zu sammeln. Hinzu kamen Medienberichte, die das Projekt bekannt machten.

Doch sehr schnell zeigte sich ein neues Problem. Die in Namibia gegründete «Helmut Bleks Foundation» konnte und kann keine Spendenquittungen für Spenden aus Deutschland ausstellen. Das darf nur eine in Deutschland ansässige Stiftung. Was tun? Unerwartete Hilfe nahte in Form von hohem Besuch aus Bayern. Im Januar 1988 kam der bayerische Ministerpräsident zu einem offiziellen Besuch nach Namibia. «Zum Empfang von Franz Josef Strauß in Windhuk war ich eingeladen», berichtet Helmut Bleks. «Ich bin eigentlich kein Parteianhänger der CSU oder von Strauß, aber ihm mal begegnen, das wollte ich schon. Der Empfang fand unter freiem Himmel statt – im Januar herrschen bei uns heiße Temperaturen –, man saß auf Bänken unter Sonnenschirmen. Alle warteten auf den Ministerpräsidenten, aber er kam und kam nicht. Dann kam er doch und war so erschöpft, dass er fast nicht gehen konnte. Keine zehn Monate später ist er ja dann auch gestorben. Er wurde offiziell begrüßt, danach wankte Strauß ans Pult. Doch plötzlich, beim Sprechen, war es, als ob er geheime Kräfte bekam, aufatmete, frisch war. Diese Wandlung hat mich beeindruckt. Später gab es Gelegenheit zu einem persönlichen Gespräch, und sehr bald kam die Rede auf die Schule in Baumgartsbrunn. Ich sagte dann zu ihm: ‹Wissen Sie, ich mache mir Sorgen um die Schule, weil wir nicht wissen, was politisch auf uns zukommen wird. Der südafrikanische Generaladministrator wird bald nach Pretoria zurückgehen, die SWAPO wird hier vermutlich bald die Regierung übernehmen, und wir wissen nicht, was dann wird.›

‹Und jetzt haben Sie Angst, dass die neuen Herren Sie enteignen›, sagte er.

‹Ja, natürlich.›

‹Dann gründen Sie doch eine Stiftung in Deutschland›, schlug er vor.

‹Jetzt noch? Das dauert zwei Jahre›, antwortete ich.

‹Dann kommen Sie halt einfach nach München, und dann machen wir das da›, meinte der Landesvater aus München.

Das habe ich zuerst nicht richtig ernst genommen. Aber dann kriegten wir zur gleichen Zeit Besuch von einem auf Stiftungsfragen spezialisierten Rechtsanwalt. Ich erzählte ihm die Geschichte, worauf er sagte: ‹Wissen Sie was, ich kümmere mich in Deutschland um mehrere Stiftungen. So ein Wort vom Strauß könnte der Sache sehr nützlich sein.»

Wenige Monate später wurde in München die «Helmut-Bleks-Stiftung» gegründet, die seitdem als Zwillingsstiftung zur namibischen Foundation fungiert. Von nun an war es leichter auch für Privatpersonen, für die Schule in Baumgartsbrunn Geld zu spenden. Zu den zahlreichen Spendern kam in den neunziger Jahren auch ein Gymnasium in Münster hinzu. Schüler des Schillergymnasiums, seit 1993 Partnerschule von Baumgartsbrunn, sammelten nicht nur auf Auktionen, Weihnachtskonzerten und vielen anderen Veranstaltungen Geld für ihre afrikanischen Partner, sondern sie halfen auch vor Ort mit. Mehrmals reiste eine Schülergruppe aus Münster nach Namibia, wohnte zwei Wochen mit den Baumgartsbrunner Schülern zusammen und beteiligte sich tatkräftig zum Beispiel an der Renovierung der Klassenräume oder am Bau einer Kompostanlage. Die Verbindung zwischen Münster und Baumgartsbrunn wird auch heute noch intensiv gepflegt.

Klassenreise in Zeiten der Apartheid

Seit Ende der siebziger Jahre organisierte das Ehepaar Bleks regelmäßige Klassenfahrten durch Namibia. «Jeder Besucher», erklärt Helmut Bleks, «der nach Namibia kommt, fährt als Erstes zur Etosha-Pfanne, dem berühmten Nationalpark. Die schwarzen Kinder, die hier in Namibia geboren sind, kennen den Park dagegen nicht. Sie kennen ihr eigenes Land eigentlich nicht, haben zum Beispiel Elefanten in freier Wildbahn noch nicht gesehen. Denn schließlich laufen die wilden Tiere ja nicht überall kreuz und quer durchs Land.» Noch zu Zeiten der Apartheid organisierte das Ehepaar eine Klassenfahrt zu der von Baumgartsbrunn fünfhundert Kilometer entfernten Etosha Game Reserve im Norden. In zwei VW-Bussen fuhren sie viele Stunden über staubige Schotterpisten, bis sie den Nationalpark erreichten. Nachdem sie am Haupttor Eintritt bezahlt hatten, steuerten sie gleich zum nächsten Wasserloch in der Hoffnung, dort einige Tiere zu sehen. «Wir hatten Glück», resümiert Traudel Bleks. «Dort war tatsächlich ein Elefant, der gerade aus dem kleinen See trank. Als die Kinder ihn sahen, wurden alle ganz still. Nachdem der graue Riese fertig war, wanderte er an unserem Bus vorbei. In dem Moment stöhnte einer von unseren Jungen: ‹So viel Fleisch!› Man muss wissen, dass die Einheimischen hier seit eh und je gerne viel Fleisch essen. Der Junge hatte keinen Blick für den ausdrucksvollen Rüssel, den lustigen Schwanz und die leisen weichen Füße. Er sah nur eins: Da kommt tonnenweise Fleisch angewankt.»

Am späten Nachmittag erreichten die beiden Busse Halali,

eines der Touristencamps im Etosha-Nationalpark. «Die Kinder stiegen aus», erzählt Helmut Bleks, «und waren ganz aufgeregt. In diesem Moment kam durch das Tor ein Bus aus der Republik Südafrika gefahren, mit weißen Kindern, und parkte neben uns. Ein weißer Lehrer stieg aus. Als er unsere Kinder sah, sagte er entrüstet zu seinem Busfahrer: ‹Wie – hier sollen wir übernachten? Zusammen mit den schwarzen Kindern etwa?› Der Fahrer, auch ein Weißer, meinte: ‹Moment mal, wir sind doch hier nicht zu Hause, sondern in Namibia!›

‹Nein, kommt nicht infrage!›, schimpfte der Lehrer. ‹Dann fahren wir weiter.›

‹Liebe Güte›, stöhnte der Fahrer, ‹ist doch alles nicht so schlimm.›

Aber der Lehrer geriet ganz außer sich, bis der Busfahrer auch ärgerlich wurde und sagte: ‹Wir sind doch hier zu Gast in diesem Land. Und wissen Sie was: Wenn es Ihnen nicht passt, dann setze ich Sie alle hier ab, und Sie können dann zu Fuß nach Südafrika zurücklaufen!›»

Der Fahrer konnte sich damals durchsetzen. «Die Apartheidsregeln im annektierten Südwestafrika waren nicht ganz so hart wie in der Republik Südafrika», erklärt Helmut Bleks. «Trotzdem sah man überall die Schilder: ‹Only Whites›. Als Bleks nach der Ankunft in Halali mit dem weißen, südafrikanischen Restaurantleiter sprach, um das Abendessen für die Kinder zu organisieren, sagte der: «Hier können Sie nicht essen. Sie müssen woandershin.» Bleks, der auch aufbrausend sein kann, schimpfte: «Wir kommen auf jeden Fall hier rein und essen hier.»

«Nein, das kommt nicht in Frage.»

«Wenn Sie uns nicht reinlassen, dann schleppen wir eben die Tische raus und essen draußen.»

«Das geht genauso wenig!», meinte der Mann perplex.

«Sie werden staunen, wie das geht», sagte Bleks. «Wir sind hier mit zwanzig Kindern – wollen wir doch mal sehen, was die können.»

Fassungslos winkte der Restaurantleiter ab und verschwand in seinem Büro.

Das Ehepaar Bleks und die Kinder bauten zunächst einmal ihre mitgebrachten Zelte auf. «Am frühen Abend gingen wir dann auf die Anhöhe im Camp», berichtet Helmut Bleks. «Wir setzten uns auf den warmen Boden und sahen unter uns dieses riesige, weite Land, die Etosha-Pfanne. Wir hörten von weit her Löwengebrüll, sahen die Silhouetten wandernder Tiere vor der untergehenden Sonne. Es war eine unglaubliche Stimmung. Und dann fingen unsere Kinder an, eine Geschichte zu erzählen. Plötzlich standen sie auf – sie sind ja begnadete Pantomimen – und gaben ihrer Geschichte bewegten Ausdruck: Da kommt der Schakal – sie imitierten einen Schakal; es nähern sich zwei Giraffen – auch die konnten sie wunderbar nachmachen. Alle waren begeistert, die Spieler und die Zuschauer», schwärmt Bleks. «Was wir nicht bemerkt hatten, waren die amerikanischen Touristen, die das Schauspiel mit angesehen hatten. Einer von ihnen kam herüber zu Traudel und mir und fragte: ‹Sagen Sie mal, gehören Sie zu einer Theaterschule?›

‹Nein, wir sind eine Grundschule auf Klassenfahrt.›

‹Ach, wie wunderbar diese Kinder spielen›, meinte der Amerikaner. ‹Können wir für diese Kinder vielleicht irgendetwas tun?›

‹Na ja, Sie könnten sie im Restaurant zum Dinner einladen …›

‹Das machen wir!›, sagte der Amerikaner.

Eine Stunde später tafelten wir alle im Restaurant. Der Geschäftsführer kriegte den Mund nicht mehr zu. Die Kinder haben sich gut benommen. Und zwischen allen saßen die Amerikaner – für die war das sicherlich auch ein Erlebnis.»

Heute, zwanzig Jahre später, hat sich die Situation komplett gewandelt: Die Apartheid gehört der Vergangenheit an, und im Camp Halali ist der Restaurantleiter mittlerweile kein Weißer mehr, sondern dunkelhäutig, und darüber hinaus eine Frau. Übrigens eine ehemalige Schülerin aus Baumgartsbrunn ...

Die Farmer und die Schule

In den siebziger und achtziger Jahren kam es immer wieder zu Auseinandersetzungen mit benachbarten Farmern. «Es begann damit, dass ein Farmer behauptete, meine Schüler hätten ihm ein Rind gestohlen», erzählt Helmut Bleks. «Tatsächlich fehlte eins. Aber, wie sich dann herausstellte, war es gestorben und lag im Gebüsch auf seiner eigenen Farm. Oder es brach ein Feldbrand aus. Dann hörten wir: ‹Das Feuer, das haben bestimmt wieder die Bengels vom Bleks angesteckt.› Aber es ging noch weiter. Ende der achtziger Jahre – damals tobte schon der Freiheitskampf der SWAPO, der South West African People's Organization, gegen die südafrikanische Herrschaft –, da lud ein Farmer den Chef der Polizei ein mit dem Ziel, ihn zu überzeugen, unsere Schule zu schließen. Was genau da ablief, habe ich erst später erfahren. Der Farmer sagte: ‹Wir wollten hier eigentlich in Ruhe leben und Rinder züchten. Am besten wäre es, wenn man die Schule zumachen würde.› Als der Landwirt fertig war, sagte der Polizeichef: ‹Ich glaube, Sie wissen genauso gut wie wir, dass dieser Guerillakrieg, der hier in diesem Land tobt, mit militärischen Mitteln nicht zu gewinnen ist. Und wenn diese Kinder und Jugendlichen in Baumgartsbrunn nicht in die Schule gingen, wären sie womöglich auf der Straße und würden alles kaputtschlagen.› Später kam er zu Traudel und mir und erzählte von dem Gespräch. Wir haben zusammen einen Cognac getrunken, und dann war das ausgestanden. Da sind wir noch einmal glimpflich davongekommen», resümiert der Schulgründer.

Helmut Bleks, das sehe ich ihm heute noch an, fürchtet sich nicht vor Konflikten und Problemen. Viel mehr interessieren ihn passende Lösungen. Wie ein Kind freut er sich, wenn wieder einmal «das Ei des Kolumbus» gefunden ist. Aber gegen üble Nachrede, Verdächtigungen und Vorurteile ist schwerer anzukommen als gegen praktische Hemmnisse.

Mit den Jahren entspannte sich das Verhältnis zwischen den konservativen Farmern und Baumgartsbrunn. Beigetragen hat dazu wieder einmal eine gute Idee …

Das Wasser

Namibia gehört zu den wasserärmsten Ländern der Welt. So herrschte auch in Baumgartsbrunn stets Wassermangel. Mit jeder Vergrößerung des Schuldorfs stieg aber auch der Wasserverbrauch entsprechend. Wahrlich ein großes Problem. Wie konnte eine Lösung aussehen? Bislang wurde Wasser aus hundert Metern Tiefe hochgepumpt. Doch auch das Grundwasser drohte zu versiegen, als in den Achtzigern eine über Jahre anhaltende Trockenheit das Land heimsuchte. Zunächst wurde Wasser mit Tankwagen von entfernten Stellen herangefahren. Doch in der Dürrezeit versiegten nach und nach auch diese Quellen. Das Schuldorf geriet wegen Wasserknappheit ernsthaft in Existenznot.

Zehn Kilometer vom Dorf entfernt liegt ein großer Stausee. Der Friedenau-Staudamm war einst von staatlicher Seite angelegt worden, um ein nahe gelegenes Kupferbergwerk zu versorgen. Diese Grube war aber schon vor Jahren stillgelegt worden, und so blieb das Wasser ungenutzt. «Wenn ich mit dem Auto unterwegs war, kam ich manchmal dort vorbei und habe dann jedes Mal sehnsüchtig auf diesen See geblickt», berichtet Helmut Bleks. «Ich fragte mich immer wieder, ob es nicht irgendeine Möglichkeit gab, dieses Wasser für Baumgartsbrunn nutzbar zu machen.»

Eines Tages fuhr er nach Windhuk und fragte beim zuständigen Ministerium an, ob er für seine Schule aus diesem Stausee – in Namibia spricht man von ‹Damm› – Wasser schöpfen dürfe. Man müsste es in Tankwagen transportieren oder besser durch eine Rohrleitung nach Baumgartsbrunn pumpen. Man wolle sich darum kümmern, versprachen die Beamten, ließen dann aber nichts von sich hören.

Wasser wurde inzwischen nur noch in knappen Rationen verteilt. Jeder hatte Durst. Die Trockenzeit zerrte an den Nerven der Lehrer und der Kinder. Bleks hakte beim Ministerium nach, und wieder hieß es, man sei noch am Überlegen. Wieder passierte nichts. Auf dem ausgedörrten Land täglich Wasser für Hunderte Menschen zu beschaffen blieb ein brennendes Problem. «Ich begann mir ernsthafte Sorgen um die Existenz der Schule zu machen. Würden wir gezwungen sein, das ganze Projekt aufzugeben?» Während der alte Bleks erzählt, meine ich, in seinem Gesicht heute noch Spuren der damaligen Verzweiflung erkennen zu können.

«Eines Morgens klingelte in meinem Büro das Telefon. Endlich stimmte das Ministerium der Idee, Wasser aus dem Stausee am Damm zu beziehen, zu! Allerdings unter einer Bedingung: Den Transport mussten wir selbst organisieren und vor allem bezahlen.»

Der Schulgründer war natürlich einverstanden. Aber nachdem er den Hörer aufgelegt hatte, fragte er sich, wie man täglich Hunderte Liter Wasser zehn Kilometer weit durch leicht ansteigendes Land hinauftransportieren könne. Der See liegt 1600 Meter hoch, Baumgartsbrunn auf einer Höhe von 1800 Metern. Bleks holte sich Rat von Fachleuten. Es stellte sich heraus, dass sich nur wenige Eisenmaterialien für eine unterirdisch verlegte Pipeline eignen. Und es wurde klar, dass die Kosten dafür in die Millionen gehen würden. Doch ebenso klar war: Wenn das Wasserproblem nicht gelöst würde, wäre das Projekt Baumgartsbrunn am Ende.

Zugute kam Helmut Bleks seine Lebenseinstellung, sich

bei auftauchenden Problemen keine Sorgen zu machen, sondern von Anfang an gespannt zu sein auf ihre Lösungen.

Bleks reiste also nach Deutschland. Er besuchte Stiftungen, Privatleute, hielt Vorträge. Er nutzte jede Gelegenheit, von dem neuen Vorhaben zu berichten. Er gewann viele Herzen und Interessenten für die Schule. Aber die hohe Summe Geld wollte trotzdem nicht zusammenkommen.

Die letzte Station vor seinem Rückflug nach Afrika war München. Der Schulgründer besuchte die Hanns-Seidel-Stiftung und erklärte die Notsituation. Und siehe da: Im letzten Moment zeigte sich diese Stiftung bereit, die Finanzierung der Pumpanlage zu übernehmen. Die Zähigkeit des damals fast siebzigjährigen Helmut Bleks hatte sich ausgezahlt. Über eine Million D-Mark spendete die Stiftung schließlich und beauftragte einen Bauunternehmer aus Deutschland mit der Ausführung. Kurz darauf begannen die Bauarbeiten in Namibia. In der Staumauer des Friedenau-Damms wurden zwei starke Pumpen aufgestellt. Die Rohre bestanden aus duktilem (verformbarem) Gusseisen, das sich als Material für den starken Wasserdruck eignet. Die Leitung wurde anderthalb Meter tief im Boden verlegt. Sie führte durch das ausgedörrte Land hindurch bis auf den höchsten Punkt der Farm, bis zum Wasserturm neben der Kirche.

Am 17. März 1989 war es dann so weit. Helmut Bleks erzählt: «Rund um die Kirche waren Tische aufgebaut, ein ganzer Ochse wurde am Spieß gebraten. Und dann kamen die geladenen Gäste: Vertreter der namibischen Regierung; Freunde der Schule; aus Deutschland kamen Repräsentanten der Hanns-Seidel-Stiftung, und natürlich die Schulkinder. Die hatten sich etwas Besonderes ausgedacht: Sie kamen in bunten Kleidern und zeigten gruppenweise etwas aus der

Geschichte ihres Stammes. Die Herero zum Beispiel haben vorgeführt, wie ihre Väter und Großväter Wasser gesucht haben mit einer Rute. Singend und betend sind sie über das Feld gezogen. Die Ovambo-Kinder haben ihre traditionellen Tänze gezeigt. Die Gäste, vor allem die aus Deutschland, waren hingerissen von dem, was sie sahen. Und dann kam der große Moment. Der angereiste Vorsitzende der Hanns-Seidel-Stiftung und ich öffneten das Ventil: Meterhoch schoss das Wasser wie ein gewaltiger Springbrunnen in die heiße afrikanische Luft. Das kann sich keiner vorstellen, was da los war. Das hatten die Menschen dort natürlich noch nie gesehen. Die Kinder sind in dem herunterfallenden Regen herumgetanzt und haben gejauchzt und gesungen ... Man konnte nicht ohne Emotionen zusehen. Viele haben geweint. Es war unbeschreiblich!»

Die Fertigstellung der Pipeline führte zu einem positiven Nebeneffekt. «Dürrezeiten sind für alle Farmer gleichermaßen bedrohlich», stellt Helmut Bleks dar. «In dieser langen, schlimmen Trockenperiode gingen sie zum Ministerium für Wasserwesen und baten um Wasser. Da wurde ihnen gesagt: ‹Das könnt ihr nicht von uns erbitten, geht doch zum Bleks, der hat ja nun Wasser.› Das war den Farmern nach all den Jahren und Streitereien natürlich unangenehm. Es kamen dann aber doch einige zu uns und brachten ihr Anliegen vor.»

Die Farmer waren erstaunt, dass ihr Nachbar gegen eine Kooperation nichts einzuwenden hatte. Anschließend wurde die Wasserleitung zu allen Farmen weiterverzweigt. Die Gebühren zahlte jeder Farmer, je nach Verbrauch, an die Regierung. Seither waren die Farmer der Schule gegenüber positiver gestimmt. Heute gibt es keine Probleme mehr. «Wir sind mittlerweile sogar freundschaftlich miteinander verbunden.» Helmut Bleks und seine Freude an Lösungen.

Der Klippeheuer und die fliegenden Steine

Unser Gespräch wendet sich einem ganz anderen Thema zu: Es geht um Spuk. Die Menschen in Namibia glauben daran und sind sehr abergläubisch, sagt Helmut Bleks. «Es gibt verlassene Farmen, weil dort Geister vermutet werden. Sie werden von den schwarzen Farmarbeitern gemieden. Für den Farmer ist es eine Katastrophe, denn ohne Helfer kann man keine Rinderfarm betreiben. Sobald das Gerücht aufkommt, dass es spukt, wird es gefährlich. Und wenn man, wie wir, Hunderte Kinder hat, ist es noch gefährlicher. Alles Merkwürdige muss man sofort ernst nehmen. Das wussten wir aber noch nicht, als eines Tages einer unserer Vorarbeiter, Eduard, und seine Frau zu uns gelaufen kamen und mit angsterfülltem Blick riefen: ‹Kommt schnell, kommt, der Klippeheuer ist da!› Der Klippeheuer – für die Einheimischen ist das ein bekanntes Phänomen. In ihrer Sprache heißt das: der Steinewerfer.

Unsere Farmarbeiter wohnen in einem eigenen kleinen ‹Dorf›, bestehend aus fünf Häusern, die wir für sie gebaut haben. Dort flogen nun angeblich Steine von allein durch die Luft. Eduard war völlig aufgebracht: ‹Steine fallen vom Himmel! Der Teufel kommt doch normalerweise nur in der Nacht und nicht am Mittag. Aber hier fliegen die Steine schon am Mittag und schlagen das Feuer aus!› Man muss dazu wissen, dass die Feuerstellen außerhalb der Wohnhäuser liegen. Darüber hatte er sich besonders geärgert. Wir hielten die Geisterthese damals natürlich für Unfug.»

Den Anlass für die Aufregung hatte das Ehepaar Bleks unterschätzt. Wie ernst die Lage war, sollte sich sehr schnell zeigen. Helmut Bleks erzählt weiter: «Am nächsten Tag kam ein anderer Arbeiter angelaufen, ebenfalls in Panik. Wieder waren angeblich Steine vom Himmel gefallen. Wir waren überzeugt, dass da irgendein Idiot Steine ins Feuer und aufs Dach warf. Ich sah das nicht als eine übersinnliche Angelegenheit. Traudel war der gleichen Meinung, und wir wollten nun dem ‹Phänomen› auf die Spur kommen.»

«Am Nachmittag nahm ich unseren Hund und versteckte mich gegenüber den Häusern der Arbeiter im Busch», schildert Traudel Bleks. «Stundenlang beobachtete ich, was um die Häuser herum passierte. Aber da flog kein Stein.»

«Als die Dämmerung hereinbrach, löste ich Traudel ab», erklärt ihr Mann. «Ich saß im Gebüsch und spähte und lauschte. Die Arbeiter kamen und gingen, man hörte sie lachen in ihren Zimmern, Lichter gingen an und aus. Aber es passierte überhaupt nichts Ungewöhnliches. Nach etwa vier Stunden sagte ich mir: Jetzt bleibst du noch bis Mitternacht, dann gehst du. Plötzlich hörte ich ein Poltern. Gleich darauf ein Knallen. Wie Steine auf Blech. Und dann sah ich tatsächlich im Schein des Lichts, das aus den Fenstern schien, Steine, die senkrecht hochflogen und auf den Dächern der Arbeiter landeten. Unten kamen die Arbeiter rausgerannt und liefen weg. Ich hatte niemanden sehen können, der die Steine geworfen hatte. Was ging hier vor? Ich konnte mir das nicht erklären. Dann war es wieder still. Der Kerl ist mir entwischt, dachte ich und ging ärgerlich nach Hause.

Die nächsten Tage war Ruhe. Der hat jetzt genug, glaubten wir. Eines Morgens aber klopfte es heftig an unserer Haustür. Eduard war völlig aufgelöst: ‹Der Klippeheuer ist wieder da!› Traudel verdrehte die Augen, wir liefen zum Dorf. Schon von weitem hörten wir das Krachen. Und dann sahen wir die fliegenden Steine. Es war sehr schwer zu sehen, von wo genau sie losflogen, es ging immer sehr schnell. Aus dem Nichts landeten sie immer auf den Häuserdächern oder knapp daneben, wo sie in die Lagerfeuer fielen. Schließlich gelang es mir aber doch zu sehen, wo die Steine herkamen: Sie flogen tatsächlich von alleine hoch, schossen senkrecht mit einer kleinen Staubwolke aus dem Sand in die Luft und fielen wieder runter. Es war unfassbar. Ein paar Minuten später hörte es wie auf einen geheimnisvollen Befehl plötzlich wieder auf. Da wir keine einleuchtende Begründung für das Phänomen hatten, die Situation im ‹Dorf› sich aber zuspitzte, wussten wir nur eines: Wenn dies nicht ganz bald aufhört, können wir den gesamten Laden dichtmachen.»

«Wir erfuhren», wirft Traudel Bleks ein, «dass im Norden, am Rand der Wüste Namib, gerade eine Farm verlassen worden war, aus genau dem gleichen Grund.»

«Die Sache musste schnellstens aufgeklärt werden», fährt ihr Mann fort. «Die ersten Arbeiter begannen schon, ihre Sachen zu packen. Mittlerweile hatte die ganze Gegend Anteil genommen. Überall, wo ich hinkam, hieß es: ‹Na, habt ihr euern Klippeheuer gefunden?› Jeder hat es gewusst, einige Farmer kamen zum Helfen, die haben mit uns alles abgesucht. Die hatten natürlich selbst Angst um ihre Arbeiter. Die Stimmung wurde immer schlechter. Traudel konnte es nicht mehr hören. Unsere Söhne Michael und Matthias konnten es auch nicht mehr hören. Wir konnten nicht mehr richtig schlafen. Wir waren alle übermüdet.

Schließlich rückten aus Windhuk Soldaten der Armee an. Die haben Ketten gebildet und sind die Felder abgelaufen auf der Suche nach Spuren. Sie fanden aber nichts und fuhren wieder ab. Wir waren mittlerweile wirklich verzweifelt», meint Bleks.

«Dann aber kam der Tag, an dem Herr Deloch uns besuchte. Das war der Nachbar. Er war verreist gewesen und sagte: ‹Ich habe gehört, dass Sie Probleme haben.› Ich erzählte ihm von dem Klippeheuer. Daraufhin fragte Deloch: ‹Darf ich mir den Ort mal ansehen?›

‹Ja. Kommen Sie, wir fahren zusammen rauf, ich zeige es Ihnen.› Wir fuhren los, ich fuhr zu schnell, übersah eine Schotterbank und blieb liegen. Die Räder drehten durch. Wir stiegen aus. Gerson, der vierzehnjährige Sohn eines der Arbeiter, hatte uns begleitet. Gemeinsam versuchten wir, das Auto wieder in Gang zu bringen. Dem Herrn Deloch dauerte das zu lange: ‹Erlauben Sie, dass ich mal alleine im Dorf gucken gehe?›, fragte er.

‹Ja, sicher, gehen Sie doch.›

‹Kann ich den Gerson mitnehmen?›

‹Natürlich.›

Ein paar Minuten später kamen Herr Deloch und Gerson zurück. Mit einem hintergründigen Lächeln auf den Lippen sagte Deloch: ‹Herr Bleks, ich habe da so eine Ahnung …›

‹Aha›, sagte ich. ‹Und was ist es, wenn ich fragen darf?›

‹Darüber muss ich nachdenken›, antwortete Deloch und stieg ins Auto. Ich hatte es inzwischen wieder frei bekommen, und so fuhren wir zurück nach Hause. Deloch verhielt sich schweigsam, er schien wirklich die Lösung für den Spuk zu kennen. Kurz darauf machte er den Vorschlag: ‹Ich würde gerne noch einmal mit Ihnen losfahren zu den Arbeitern, können wir das machen? Und können wir bitte den Gerson mitnehmen?› Das wunderte mich. Was hatte Gerson damit zu tun? Ich stimmte zu, und wir drei fuhren noch einmal los. Wir näherten uns dem Dorf der Arbeiter, das zum Schutz vor Tieren eingezäunt ist. Gerade waren wir auf der Höhe von dem Haus, im dem der Gerson mit seinem Vater lebte, da sagte der Deloch: ‹Halten Sie doch bitte mal an. So, nun bitten Sie den Gerson doch mal, er möge ins Dorf gehen.›

‹Warum denn das?›, fragte ich.

Darauf Deloch: ‹Wenn Gerson durch das Tor geht, werden bei den Häusern die Steine fliegen.› Blödsinn, dachte ich. Trotzdem sagte ich zu Gerson: ‹Geh doch bitte mal in euer Haus und frage deinen Vater, ob er mal rauskommen kann.› Gerson stieg also widerwillig aus dem Auto und ging auf sein Haus zu, ein paar Schritte … und in dem Moment flogen die Steine. Es war nicht zu fassen! Deloch sagte: ‹Passen Sie auf: Wenn er wieder zurückkommt, dann hört es auf.›

Ich rief: ‹Gerson, kommst du mal zu uns zurück?› Der Junge drehte sich wieder um und kam uns entgegen. Als er nur wenige Meter von uns entfernt war – da hörte das Poltern auf.

Welche Erklärung gab es bloß dafür? Deloch sagte: ‹Gerson weiß überhaupt nicht, dass das aus ihm heraus geschieht. Er kann nichts dafür.›

Es war schon sehr merkwürdig. Wir hatten nicht das Gefühl, dass es mit dem Jungen etwas Besonderes auf sich hatte. Er war wie alle anderen auch, spielte gerne Fußball, hatte hin und wieder in den Werkstätten mitgearbeitet.

Später las ich ein Buch von dem Freiburger Professor Hans Bender, der sich mit derartigen paranormalen Phänomenen befasste. Er erklärte dies mit dem Vorhandensein psychokinetischer Kräfte. Aber eine rationale Erklärung gab es nicht», meint Helmut Bleks achselzuckend.

«Das ist aber schade», werfe ich ein. «Keine wirkliche Erklärung?»

«Nein», sagt Bleks und faltet die Hände über dem Bauch. «Namibia ist ein Land voller Geheimnisse, Aberglaube und Naturphänomenen. Das haben wir in den fünfunddreißig Jahren, die wir hier sind, oft erlebt. Man findet nicht für alles eine Erklärung. Damit muss man sich abfinden.»

«Wie ging es denn weiter mit Gerson?»

«Gerson hatte bis dahin auf unserer Farm mitgearbeitet», erklärt Bleks. «Er wollte nicht in die Schule. Ich habe ihn dann überredet, es doch einmal zu versuchen. Er fühlte sich dort schnell ausgesprochen wohl. Und tatsächlich: Von diesem Moment an flogen keine Steine mehr. Nie wieder. Wir haben uns noch oft Gedanken über dieses Phänomen gemacht. Der Vater von Gerson war sehr streng mit dem Jungen gewesen. Seit Gerson nicht mehr zu Hause, sondern in der Schule wohnte, war Ruhe. Aber was letztlich die Ursache für die fliegenden Steine war, haben wir nie erfahren.

Ich muss noch oft an den Nachbarn Deloch denken. Er hat uns sehr geholfen. Später ist der Arme von einem Leoparden getötet worden. Auf seiner eigenen Farm.»

Japhta und der Geist in der Ruine

Kamen Spuk-Phänomene eigentlich häufiger vor?

«Ja.» Helmut Bleks holt aus. «Es gab eine andere Situation, mit Japhta, der war bei uns Vormann. Ein tüchtiger Arbeiter. Wir hatten ihn vom Vorgänger Louis Chor übernommen. Zu der Zeit gab es am Eingang zur Farm, wenn man von Windhuk kam, eine Ruine. Das war eine ehemalige Poststelle. Damals haben wir ja unsere ersten Häuser gebaut, und diese Ruine sollte nicht ungenutzt bleiben. Einige Steine hatten wir schon mal ausgebaut und sie beim Bau eines der Häuser für die Arbeiter wieder verwendet. Als Japhta und ich einmal aus Windhuk kamen, hielten wir vor dem Gemäuer, und ich bat ihn, einmal hineinzugehen und nachzusehen, ob dort noch Türklinken zu finden wären. Das tat er, und vielleicht drei, vier Minuten später hörte ich plötzlich ein lautes Klatschen. Und dann nochmal. Im nächsten Moment kam Japhta herausgerannt, lief an mir vorbei und stürmte auf der Schotterstraße nach Hause. Ich fuhr mit meinem Jeep hinterher: ‹Japhta, was ist denn los?! Komm, steig doch ein!› Aber er war vollkommen von Sinnen und raste wie ein Wahnsinniger weiter. Ich rief: «Jetzt bleib endlich stehen, du kannst doch hier mitfahren!» Nutzte nichts, er rannte weiter. Zu Hause angekommen, fragte ich: ‹Sag mal, bist du verrückt geworden?›

Da blaffte der mich an: ‹Hast du denn nicht gehört, wie ich geschlagen wurde?!›

‹Von wem denn?›, fragte ich erstaunt.

‹Weiß ich doch nicht!›, erwiderte Japhta. ‹Da hat mich einer geschlagen!›

Er hatte tatsächlich eine rote Wange, man konnte sehen, dass er Ohrfeigen bekommen hatte. Also, was da passiert ist, das war nicht herauszubekommen. Die Folge war aber schlimm: Nun sprach sich die Geschichte herum von einem Geist, der in der Ruine lebt und den Eindringling gewissermaßen als Warnung geohrfeigt hat. Niemand wollte mehr in dem neuen Haus wohnen, für das wir schon Steine und anderes Material aus dieser verwunschenen Ruine verbaut hatten. Ich versuchte die Arbeiter zu überreden, aber es gelang mir nicht. Es half alles nichts – wir mussten das Haus wieder abreißen.»

Nach den Spukgeschichten ist Zeit für die Mittagspause. Ich lasse den Bleksens ihre Ruhe, und ich selbst brauche auch eine Unterbrechung. Es ist wirklich erstaunlich, wie viel geistige Energie das alte Ehepaar noch hat. Beim Spaziergang durch den kleinen Küstenort Swakopmund schwirrt mir der Kopf. Körperliche Bewegung ist jetzt das Richtige. Und während ich durch die zur Mittagszeit stets menschenleeren Straßen bummle, erscheinen sie mir plötzlich wie eine Filmkulisse. Wenn man sich die ohnehin wenigen Autos wegdenkt, sieht Swakopmund heute noch aus wie vor hundert Jahren, als hier nur deutsche Siedler lebten. Liebliche, farbig gestrichene Häuserfronten, höchstens zweistöckig, stehen nebeneinander aufgereiht. An den Hauswänden prangt «Apotheke» oder «Buchhandlung» oder «Bäckerei». Die Straßen sind ungewöhnlich breit, wie sie früher sein mussten, als man hier in Ochsenwagen fuhr, die einen großen Wendekreis benötigten. Im Wüstensand waren Ochsenwagen das zweckdienlichste Gefährt. Viele Straßen Swakopmunds kann man bis zum Ende überblicken. Sie enden scheinbar im Sand: Gleich hinter den Häusern erheben sich mächtig und schön die Dünen der wasserlosen Namib. Diese zweitausend Kilometer lange Wüste hat jahrhundertelang die europäischen Eroberer abgeschreckt. Den abweisenden Gestaden gaben die Seefahrer den Namen «Skelettküste».

Mich zieht es jetzt zum Café Anton. Dort soll es guten Kuchen geben.

KAPITEL 4

Namibia 1991–2004

Swakopmund, am 3. Dezember 2004. Nachmittags
Nach der Mittagspause steige ich die Treppe zur Bleks'schen Wohnung im zweiten Stock hinauf und klingele. «Mister Helmut» öffnet die Tür, frisch, mit blitzenden Augen. Die Erinnerungen scheinen ihm Freude zu machen. Unser Gespräch geht weiter.

Namibia und die Unabhängigkeit

Als Namibia nach jahrelangen Kämpfen der South West African People's Organization (SWAPO) gegen den «Besatzer», die Republik Südafrika, im März 1990 in die Unabhängigkeit entlassen wurde, lebten die Bleksens bereits zwanzig Jahre im Land. Wann war ihnen klar geworden, dass es zu dieser politischen Wende kommen würde? Helmut Bleks antwortet ohne Zögern: «Der Guerillakrieg im Norden des Landes lief schon, als wir 1971 nach Afrika kamen. Davon kriegte man in der Region um Windhuk aber gar nicht so viel mit. In der zweiten Hälfte der achtziger Jahre haben sich die Kämpfe ausgebreitet und verschärft. Man brauchte kein besonderes politisches Gespür, um zu erkennen, dass die Zeit für eine schwarze Regierung gekommen war.»

Haben die Bleksens von den Kampfhandlungen etwas mitbekommen? «Natürlich! Wir wussten, dass eine Farm überfallen worden war, dass die Frau ermordet wurde, vor den Augen ihrer Kinder. Auch die Farmer im Khomas-Hochland mussten mit Überfällen auf ihre Farmen rechnen. Es wurden deshalb Sicherheitsmaßnahmen ergriffen und Notrufe eingeführt. Klingelzeichen per Telefon signalisierten den Nachbarfarmern: Wir sind in Not. Wenn das passierte, sprangen alle Farmer in ihre Autos und fuhren zu der Farm, von der der Notruf ausgegangen war.»

«In Windhuk bekamen verschiedene Leute Drohbriefe», erzählt Traudel Bleks. «Von Schwarzen kamen sie, und es stand darin: ‹Wenn die Freiheit kommt, dann werden wir in dein Haus einziehen.›»

Ob ihr das Angst machte?

«Ein bisschen mulmig war mir schon», antwortet sie.

«Es war eine ausgesprochen unruhige Zeit», ergänzt Helmut Bleks. «Man wusste nicht, was wird. Einige unserer Lehrer waren Mitglieder der SWAPO. Andere hatten eine andere politische Meinung und wollten plötzlich nicht mehr mit den Kindern arbeiten. Ich meine zum Beispiel die *Coloureds* – auf Afrikaans heißen sie *Kleurlinge* – im Lehrerkollegium. Das sind die Nachfahren von Weißen, die mit schwarzen Frauen Kinder gezeugt haben vor hundert Jahren. Die zählen sich nicht zu den Schwarzafrikanern. Diese Coloureds-Lehrer packten plötzlich schon mittags ihre Sachen. Ich kam rein, sah das und fragte: ‹Wo wollt ihr denn hin?›

‹Wir gehen nach Hause.›

‹Moment, wir haben jetzt erst zwölf Uhr. Ihr geht alle?›

‹Ja, wir gehen nach Hause›, sagten sie.

‹Und heute Nachmittag? Sitze ich dann allein mit den Kindern da?›

Da meinte einer: ‹Wissen Sie, Herr Bleks, wenn wir hier vier, fünf Stunden mit den schwarzen Fratzen arbeiten, dann kann man schwarze Fratzen nicht mehr sehen.›

Voller Wut habe ich denen entgegengeschleudert: ‹Wenn Sie unsere Kinder und die Schule nicht mehr sehen können, dann bleiben Sie doch ganz weg! Sie sind alle entlassen! Ab nach Hause!›

Das gab einen Riesenaufstand. Die wollten nicht gehen. Ich wandte mich an die Regierung und erfuhr, dass ich sie alle wieder zurücknehmen sollte. Ich weigerte mich jedoch. Schließlich musste ich die Hälfte von ihnen weiter beschäftigen. So etwas passierte damals. Die Atmosphäre in den Jahren vor 1990 war sehr, sehr aufgeheizt.»

Im November 1989 kam es zur ersten international anerkannten demokratischen Wahl in Namibia, aus der die SWAPO bei einer Wahlbeteiligung von über fünfundneunzig Prozent als deutliche Gewinnerpartei hervorging. Im Februar 1990 wurde die neue Verfassung verabschiedet, und am 21. März errang Namibia dann als letztes afrikanisches Land die Unabhängigkeit. Staats- und Regierungschef wurde Sam Nujoma. Er hatte die SWAPO mitbegründet und aus dem Exil in Zambia ihre Befreiungskämpfe geführt. In Namibia befürchteten die Weißen nach Jahrzehnten ihrer tyrannischen Apartheidpolitik nun Racheakte der ehemaligen SWAPO-Kämpfer. Aber es kam anders. Welche Gründe gab es dafür?

Da muss Bleks nicht lange nachdenken. «Das hängt mit der sehr klugen Politik der SWAPO-Regierung zusammen, die sie nach der Machtübernahme praktizierte. Die haben nämlich das Erstaunlichste gemacht, was unter diesen Umständen eine neue Regierung nach gewonnener Wahl tun kann. Die sagten als Allererstes: ‹Wir treten an unter dem Gesetz der Versöhnung.› Da musste man erst mal Luft holen, damit man den Kern der Aussage und deren Tragweite begriff. Sam Nujoma betrieb gezielt eine Versöhnungspolitik nach Jahrzehnten der Diskriminierung und Unterdrückung der Schwarzen durch die Weißen. Vermutlich war dies der einzige Weg, das Land mit seinen vielen verschiedenen ethnischen Bevölkerungsgruppen in eine demokratische Zukunft zu führen. Nujomas Regierungsmannschaft praktizierte dies auf überzeugende und für mich beeindruckende Weise. Unmittelbar nach der Machtübernahme waren Traudel und ich eingeladen zu einem Empfang beim neuen, natürlich schwarzen Innenminister, gemeinsam mit einer Delegation aus Deutschland. Es war ein schöner Raum, der Innenminister stand da und hielt eine Rede: ‹Ich freue mich besonders, dass Sie aus Deutschland hierher gekommen sind›, sagte er. ‹Sie sind einer der ersten Besuche, und Sie sind uns herzlich willkommen. Es ist mir ein Anliegen, mit jedem von Ihnen anzustoßen.› Dann ging der namibische Innenminister mit seinem Glas von einem zum anderen und stieß mit ihm an. Wir hörten hinterher, dass derselbe Mann, als er das erste Mal sein Innenministerium besuchte, dort auf einen weißen Südafrikaner traf, einen Mitarbeiter des natürlich auch weißen Amtsvorgängers, der dabei war, seine Sachen zu packen. Er sprach ihn an: ‹Was machen Sie?›

Der antwortete: ‹Ich bin mir natürlich bewusst, dass ich jetzt gehen muss.›

‹Wer hat Ihnen das gesagt?›, fragte der neue Innenminister.

‹Noch niemand, aber das kommt doch so sicher wie das Amen in der Kirche.› Darauf der Minister – so wurde später erzählt –: ‹Wissen Sie was? Kommen Sie doch mal hierher. Darf ich Ihnen die Hand geben und Sie bitten, mit mir gemeinsam für Ordnung zu sorgen? Gemeinsam können wir das doch schaffen, oder meinen Sie nicht?› So verliefen die ersten Amtsgespräche. Das hat mich damals sehr beeindruckt.»

«Erinnert ihr euch noch an den Tag der Unabhängigkeit?», frage ich.

«Natürlich. 21. März, das ist auf der Nordhalbkugel der Frühlingsanfang. Der Tag wird aber auch hier immer groß gefeiert», antwortet Traudel Bleks. «Es war schulfrei, und unsere Schüler waren zum Teil in Windhuk im Stadion, wo das historische Ereignis begangen werden sollte, die Vereidigung des Präsidenten, Parade, Marschmusik. Das war eine große Sache.»

Aber man konnte zu diesem Zeitpunkt noch nicht sicher wissen, wie sich die Dinge in Namibia weiterentwickeln würden, werfe ich ein.

«Nein. Aber ich hatte in den Jahren zuvor immer ganz fest darauf gebaut, es müsse irgendwo doch auch mal vernünftig zugehen. 1990 hatte ich die Hoffnung, dass es endlich so weit wäre. Es kam dem neuen Staat natürlich auch zu Hilfe, dass der Kommunismus politisch gescheitert war. Vorher waren ja viele Leute der SWAPO in Russland zur Ausbildung gewesen, um den Kommunismus irgendwann im Süden Afrikas einzuführen. Nach dem Zusammenbruch des Sowjetsystems hat sich die Lage hier etwas entspannt. Als die SWAPO an die Macht kam, haben die sich wirklich bemüht.»

Kinder aus der DDR und die Rückkehr

Der Zusammenbruch des Sozialismus und die Wende in Deutschland hatten auch Folgen für 450 schwarze namibische Kinder, die in der ehemaligen DDR aufgewachsen waren. Die ersten waren 1979 in die DDR geholt worden, um sie dort zu Kommunisten zu erziehen, die einmal in Namibia die Elite bilden sollten. Zu Zeiten von Glasnost, als der Sozialismus zusammenbrach und infolgedessen die DDR verschwand, blieben die afrikanischen Jungen und Mädchen übrig. In vier Passagiermaschinen wurden die zehn bis achtzehn Jahre alten Kinder nach Namibia zurückgeflogen. Sie kamen in ein ihnen fremdes Land. Hier sollten sie ihren Familien zugeführt werden. Doch die mussten erst einmal alle gefunden werden. Einige der Kinder wurden in Baumgartsbrunn aufgenommen. «Sie blieben einige Monate bei uns», erzählt Helmut Bleks. «Ich hatte gemeint, am besten wäre es gewesen, die ganze Gruppe beieinander zu lassen. So aber wurden die Kinder über das ganze Land verteilt, die Gruppe zerrissen. Sie kamen in Familien, die ihnen nach Jahren fern der Heimat völlig fremd geworden waren. Sie traten in ein Leben, das sie nicht kannten.» Bleks schüttelt bei der Erinnerung den Kopf. «Da wächst einer in Deutschland auf und muss nun von einem Tag auf den anderen im Kral wohnen und auf einem Ziegenfell schlafen – so ungefähr. In vielen Fällen ist das nicht gut gegangen.

Einmal kam ein Fernsehteam aus Deutschland, um einen Bericht über diese Kinder zu machen. Für mich war speziell eine Szene beeindruckend. Da fragte der Reporter die Kinder: ‹Sagt mal, habt ihr eigentlich Heimweh?›

‹Na klar haben wir Heimweh! Und wie!›, antwortete ein Mädchen. ‹Ich würde gerne wieder nach Hause gehen, nach Deutschland natürlich.›

‹Wenn ihr jetzt jemandem einen Gruß rüberschicken könntet›, wollte der Reporter wissen, ‹hättet ihr denn dort jemanden, den ihr grüßen wolltet?›

‹Aber natürlich!›, haben die gesagt. Der Fernsehjournalist hielt ihnen das Mikrophon noch einmal hin. Die meisten Mädchen konnten erst gar nicht sprechen vor lauter Rührung. Aber dann sagten sie doch so was wie: ‹Lieber Onkel Paul, wir sind jetzt hier, so weit weg … wir haben dich so lieb.›

«Zwei von denen», setzt Traudel Bleks hinzu, «zwei ältere Mädchen, die wollten damals gerne bei mir auf der Gästefarm mitmachen. Ich habe gesagt: ‹Ja, natürlich.› Ich habe dann eines unserer Gästehäuser für sie frei gemacht. Die beiden Teenager kamen an, etwas schüchtern, haben ihre Sachen in dem Zimmer ausgepackt und sich ein bisschen eingerichtet. Währenddessen machte ich uns einen Kaffee. Und als wir dann zusammen auf der Terrasse saßen, drucksten die beiden etwas herum, bis die eine schließlich mit der Sprache rausrückte: ‹Wir haben Angst in dem Zimmer.›

‹Warum habt ihr denn Angst?›, fragte ich.

‹Da in dem Zimmer, da sind so komische Geräusche.›

‹Komische Geräusche?›

‹Ja. Da raschelt es manchmal.›

‹Wo denn genau?›, fragte ich.

‹Oben, an der Decke …›

‹Ach›, habe ich gesagt. ‹Irgendwo in der Zwischendecke,

da toben manchmal Geckos oder andere Eidechsen herum. Da braucht ihr keine Angst zu haben. Die sind nicht gefährlich.›»

Während Traudel Bleks diese Szene wiedergibt, kann man sich gut vorstellen, wie beruhigend ihre Stimme und ihre ganze Art auf die beiden Mädchen wirkten.

«Am Abend habe ich ihnen zwei Kuscheltiere gebracht», fährt sie fort. «Ich dachte dabei, ob ich das wirklich machen kann. Weil die beiden ja schon siebzehn, achtzehn Jahre alt waren. Aber die haben mit Begeisterung die Kuscheltiere angenommen und herrlich geschlafen in der Nacht. Am nächsten Tag halfen sie mir beim Einkaufen und beim Kochen. Wir haben uns gut verstanden und viel gelacht. Am nächsten Abend fragte ich die beiden: ‹Darf ich euch ein Märchen vorlesen?› Ja, das wollten sie. Ich habe eine Kerze angezündet, mich ans Bett gesetzt und gesagt: ‹Ich lese euch zwei Märchen vor. Eines davon ist mein Lieblingsmärchen.› – ‹Was ist denn dein Lieblingsmärchen?›, fragte eine sofort. Mein liebstes Märchen heißt ‹Spindel, Weberschiffchen und Nadel›. Es steht in der Sammlung der Brüder Grimm. Das Mädchen sagte: ‹Ich kenne das.› Da habe ich gestaunt. Sie erklärte mir, dass sie das Märchen in der DDR in der Schule gelesen hatten.»

Traudel Bleks stellt ihre Teetasse auf den Tisch und lehnt sich im Sessel zurück. «Na ja, dann habe ich vorgelesen, die beiden schon fast erwachsenen Mädchen haben im Bett gelegen und zugehört. Tagsüber habe ich ihnen gezeigt, was auf einer Gästefarm alles zu tun ist: Listen kontrollieren – wie viele Gäste angemeldet sind –, Anreise oder Abreise koordinieren, Abrechnungen erstellen und so weiter. Das ist die Büroarbeit. Dann muss man sehen, ob die Zimmer alle in Ordnung sind, einmal durchkehren, prüfen, ob vielleicht etwas repariert werden muss. Sicherstellen, dass in der Küche alles vorhanden ist, sonst muss man einkaufen. Beide Mädchen stellten sich sehr geschickt an, das ging ausgezeichnet. Was ich sehr bald festgestellt habe, war, dass sie eine sehr gute Schulbildung hatten. Wirklich phantastisch. Einmal hatten sie vergessen, den Besen aus einem der Zimmer zu holen. Da habe ich so im Scherz Goethe zitiert: ‹In die Ecke, Besen! Besen! Seid's gewesen!›

‹Aha!›, sagt die eine: ‹Der Zauberlehrling!›

Ich war von den Socken! Bei einer Veranstaltung haben sie zu Schillers ‹Ode an die Freude› aus der Neunten Sinfonie von Beethoven einen anderen Text gesungen: ‹Hohe Nacht der klaren Sterne›.

«Das vergesse ich nie», unterstreicht Helmut Bleks. «Das war ihr Weihnachtslied, das haben die Kinder in der DDR gesungen. Und sie kannten Weihnachten auch nur mit Kälte und Schnee. In Namibia dagegen sind es in der Weihnachtszeit dreißig Grad im Schatten. Das war auch eine gravierende Umstellung für die Kinder. Wir haben in der Schule einen Adventskranz aus Akazienzweigen aufgehängt. Am Abend sind wir alle im Speisesaal zusammengekommen, haben Kerzen angezündet. Es war eine schöne Stimmung. Dort saßen ja nun Kinder und Jugendliche aus verschiedenen Stämmen und Ländern beisammen. Deshalb schlug ich vor, dass jeder mal erzählt, wie bei ihm zu Hause Weihnachten gefeiert wird. Das ging dann reihum, Tisch für Tisch: Die Herero-Kinder erzählten, dann die Ovambo-Kinder und so weiter. Und jede Gruppe sang zum Schluss ein Lied. An einem Tisch in der Ecke saßen die Kinder aus der DDR und waren ganz still. Da habe ich gesagt: ‹Erzählt doch mal: Wie habt ihr denn in der Deutschen Demokratischen Republik gefeiert?›

‹Wir haben nicht Weihnachten gefeiert, wir kannten ja Christus überhaupt nicht.› Im Saal entstand eine merkwürdige Stille; die anderen Kinder konnten das gar nicht für wahr halten. Ich auch nicht. ‹Habt ihr wirklich nicht Weihnachten gefeiert?›, fragte ich.

‹Eine Feier hatten wir, aber da wurde nicht über Christus gesprochen. Das war eine Jugendfeier.›

‹Was habt ihr denn gesungen?› Da haben alle prompt gesagt: ‹Hohe Nacht der klaren Sterne. Das wurde immer gesungen zu Weihnachten.›»

«Wie lange blieben die namibischen Kinder aus der untergegangenen DDR in Baumgartsbrunn?», frage ich Traudel Bleks.

«Tja», seufzt sie. «Wir hätten gerne mit diesen ziemlich entwurzelten Kindern ein gemütliches Weihnachtsfest gefeiert, aber sie wurden schon vorher abgeholt und woandershin gebracht.»

«Und wohin?»

«Das weiß ich nicht mehr. Wahrscheinlich wurden sie auf Familien verteilt. Nur die beiden großen Mädchen von der Gästefarm, die blieben. Die waren ja auch älter und mussten nicht mehr zur Schule gehen. Die haben kurz danach bei uns im Institut die Haushaltsschule absolviert.»

Gründung der Haus- und Landwirtschaftsschule

Nach Erlangung der Unabhängigkeit im Jahr 1990 erlebte Namibia einen Aufschwung des Tourismus. Gästefarmen und Hotels im ganzen Land wurden stark nachgefragt, und es entstanden viele neue. Der Bedarf an Arbeitskräften im Tourismusbereich nahm stetig zu. Helmut Bleks, mittlerweile siebzig Jahre alt, fühlte sich wieder einmal herausgefordert. «In der Hotellerie und Gastronomie wurde hierzulande damals genauso ausgebildet wie in Deutschland», erklärt er. «Restaurant, Buchhaltung und Rezeption. Aber für das, was in Namibia auf den Gästefarmen notwendig war, gab es keine Ausbildung. Doch ich sah ja täglich bei Traudel, was unsere Gästefarm brauchte.»

Und auch dieses Mal hatte der frühere Wirtschaftsstratege den richtigen Riecher und reagierte prompt mit der Gründung einer Haus- und Landwirtschaftsschule auf Baumgartsbrunn. Helmut Bleks weiter: «Mädchen und Frauen waren bis dahin in punkto Ausbildung sehr benachteiligt. Wir wollten daher ein Institut mit vierzig Plätzen speziell für junge Frauen einrichten. Sie sollten gezielt für die Bedürfnisse der Farmlodges in Namibia ausgebildet werden – denn dort würden in den kommenden Jahren Fachkräfte benötigt werden.»

«Was genau sind eigentlich Farmlodges oder Gästefarmen?», will ich wissen.

«Im Gegensatz zu Hotels handelt es sich hierbei um laufende Betriebe – die Farmen –, wo Gäste nebenbei von der Familie untergebracht und bewirtet werden», antwortet Bleks und fährt fort: «Traudel und ich setzten uns zusammen und notierten, was eine Angestellte im Idealfall können sollte. Neben Buchhaltung und Restaurantbetrieb muss sie ganz praktische Dinge wie die Milchverarbeitung beherrschen, also aus Milch Butter und Käse machen können. Die Farmangestellten müssen sich in Metzgerei und Bäckerei, Landwirtschaft und Gartenbau auskennen. Die meisten Farmen liegen sehr einsam und auf riesigen Geländen von mehreren tausend Hektar. Die nächste Stadt mit Einkaufsmöglichkeit ist oft so weit entfernt, dass die Lodgebetreiber nicht täglich einkaufen können. Selbstversorgung ist also unerlässlich für die Farmbetriebe. Schneiderei ebenso, denn auf den Farmen muss ständig irgendetwas geflickt, verlängert oder gekürzt werden. Ganz wesentlich sind Sprachkenntnisse: Die Frauen müssen Englisch sprechen können. Afrikaans und Deutsch sind hilfreich.

Zunächst einmal mussten wir einen geeigneten Bauplatz für das Institut finden. Es sollte eigenständig sein und doch so nah am Schuldorf liegen, dass die Studentinnen leicht zu Fuß etwa an einer Veranstaltung in der Kirche teilnehmen könnten. Ich selber wollte mir auf dem Gelände des neuen Instituts ein Büro einrichten, musste aber schnell erreichbar bleiben, wenn Mitarbeiter der Schule meine Hilfe bräuchten. Wir fanden eine Fläche ganz in der Nähe, auf der anderen Seite der Straße, die am Schuldorf vorbei nach Windhuk führt. Dort sollte das neue Institut entstehen.

Im Sommer 1990 begannen die Bauarbeiten. Es wurden Unterrichtsräume gebaut, Schlafräume, eine Lehrküche, eine Schlachterei, eine Molkerei, eine Teppichweberei und eine Gärtnerei.

Einige Werkstätten, die ursprünglich für das Schuldorf gedacht waren, wurden nun in das Institut ausgegliedert. In den vergangenen Jahren hatte sich nämlich in der Schule Folgendes gezeigt: Eigentlich hatten wir die Schüler nach ihrer Grundschulausbildung, die in Namibia bis zur neunten Klasse geht, in einen handwerklichen Beruf bringen wollen. Dazu hatten wir zum Beispiel eine Lederwerkstatt gebaut und eine Schneiderei. Aber die Eltern unserer Kinder sagten alle das, was Eltern überall auf der Welt denken: Den Kindern soll es einmal besser gehen als uns. Sie wollten also, dass ihre Kinder Abitur machen und studieren, um Anwalt oder Arzt zu werden. Einerseits war das ja vernünftig. Nur gab es in Namibia in diesen Berufen wenige Arbeitsplätze. Außerdem ist die Ausbildung enorm teuer. In diesem Land hat ein ausgebildeter Handwerker unter diesen Umständen bessere Chancen auf einen Arbeitsvertrag. Eine feste Stelle, das ist in einem Land, in dem fünfunddreißig Prozent der Menschen arbeitslos sind, das wichtigste Ziel. Doch die meisten Eltern wollten sich auf diese Gedanken nicht einlassen. Wir stellten fest, dass unsere Werkstätten in der Schule nicht genug genutzt wurden. Als jetzt auf der anderen Seite der Straße das Institut gebaut wurde, holten wir die Werkstätten einfach rüber. Zum Teil wurden sie umfunktioniert: Aus der Lederwerkstatt wurde zum Beispiel die Schneiderei. Später gab es immer mal wieder einzelne Schüler aus dem Schuldorf, die in den Werkstätten etwas lernen wollten und dann einfach am Nachmittag zum Institut rüberkamen.

Im Februar 1991 haben wir das neue Institut eingeweiht. Wir nahmen vierzig Schülerinnen auf. Dafür wurden sechs Lehrerinnen und Lehrer benötigt. Von nun an hatten wir die Vorteile eines Kreislaufsystems: In der Gartenanlage bauten die Studentinnen Gemüse an, das dann in der Küche verwertet wurde. Entsprechendes geschah mit der Metzgerei und Bäckerei. In der Küche lernte die Kochgruppe, die das Institut mit Mittag- und Abendessen versorgte. Die Restaurantgruppe lernte das Servieren und musste die anderen Studentinnen mittags bedienen. In der Schneiderei lernten die jungen Frauen Nähen, indem sie kleine Hemdchen und Hosen nähten, die die ärmsten unter den Kindern drüben im Schuldorf bekamen. Die Studentinnen erlebten auf diese Weise direkt, wofür ihre Arbeit nützlich ist und wo sie ihre erworbenen Fähigkeiten direkt anwenden konnten.

Drei Jahre dauerte die Ausbildung der Studentinnen am Institut in Baumgartsbrunn. Hotels und Gästefarmen in Namibia hatte das Konzept überzeugt. Noch vor dem Ende des Kurses hatten die jungen Frauen Stellenangebote bekommen. Der Versuch war also geglückt.

Doch die nach der Wiedervereinigung Deutschlands beschlossenen Einsparungsmaßnahmen der Bundesregierung trafen schon Anfang der neunziger Jahre das Schulprojekt und das Institut an empfindlicher Stelle und gefährdeten dessen Existenz. Bis dahin wurden wir regelmäßig vom Bundesministerium für wirtschaftliche Zusammenarbeit und Entwicklung unterstützt. Aber plötzlich versiegten die Finanzierungsquellen aus Deutschland. Gleichzeitig war der ganz junge Staat Namibia noch nicht imstande, die Finanzausfälle auszugleichen. Schulgebühren aber waren in Baumgartsbrunn stets ausgeschlossen, weil es immer galt, den Ärmsten eine Ausbildung zu ermöglichen. Nachdem der erste Kurs abgeschlossen war, mussten wir das Institut erst einmal wieder schließen. Das hatte ich nicht erwartet, das war eine große Enttäuschung», räumt der alte Bleks heute ein. Aber typisch für ihn: Er ließ sich nicht unterkriegen. «Das Konzept war einfach richtig, es würde nur eine Frage der Zeit sein, bis sich eine Lösung für die Finanzlücke finden würde. So dachte ich jedenfalls. Wichtig war es deshalb, den Lehrbetrieb einigermaßen aufrechtzuerhalten, damit man später nicht ganz von vorne anfangen musste. Wir wollten unsere Lehrer, die sich nun eingelebt und bewährt hatten, ja behalten. Da haben wir uns alle zusammengesetzt und überlegt, wie wir die Zeit überbrücken könnten. Einer sagte dann: ‹Warum geben wir nicht Kurse für Interessierte aus der Nachbarschaft?› Das war die richtige Idee. Wir hatten einen laufenden Betrieb, verschiedene Lehrwerkstätten, die man anbieten konnte. Das sollte doch eine Chance sein für andere Menschen, die dafür, dass sie bei uns lernten, auch etwas zahlen konnten. Es stellte sich heraus, dass unter unseren Angeboten die Kochkurse den größten Anklang fanden. So begannen wir mit Kochkursen für Erwachsene.»

Fundraising war das Gebot der Stunde. Helmut Bleks flog nach Deutschland und leistete – wieder einmal – erfolgreiche Überzeugungsarbeit für seine gute Sache. Er berichtet: «Das Land Nordrhein-Westfalen zahlte für einige Jahre Entwicklungshilfe; und mit dem SOS-Kinderdorf-Verein wurde eine Kooperation beschlossen. Diese Organisation zahlte fortan für etwa die Hälfte der Ausbildungsplätze und schickte ausgewählte Schülerinnen aus Botswana, aus der Republik Südafrika, aus Zimbabwe, aus Lesotho und aus Malawi nach Baumgartsbrunn. Am 2. Januar 1995 öffnete das Institut wieder seine Pforten für vierzig neue Studentinnen. Die Krise war überwunden.

Auch im Schuldorf gab es damals Neuerungen. Das Unterrichtsangebot wurde um die zehnte Klasse erweitert. Dazu wurden neue Klassenräume errichtet. Die Zahl der Schüler erhöhte sich, neue Lehrer wurden eingestellt. Zusammen mit den 38 Angestellten für Küche, Klinik und Wäscherei lebten im Schuldorf Baumgartsbrunn zu jener Zeit über 500 Menschen. Die Schule zählte mit ihrem Versetzungserfolg von 94 Prozent im folgenden Jahr 1996 zu den besten im Land.

An einem Beispiel illustriert Helmut Bleks, wie es immer wieder zu Innovationen kommt und welche Ideen dahinter stehen. «Ich saß im Büro», erzählt er. «Da klingelte das Telefon, ich ging ran und hörte eine freundliche Stimme sagen: ‹Guten Tag, hier ist Stange aus Kiel. Sie werden sich vielleicht wundern, dass ich anrufe. Ich habe von Ihrer Schule gehört. Brauchen Sie nicht einen Ausbilder? Ich wäre bereit, für ein, zwei Jahre zu kommen.› Wir unterhielten uns eine Weile, es war ein besonders netter Mann, aber zu der Zeit hatten wir genug Lehrer für das, was wir anboten, und deshalb musste ich ihm absagen. Im Laufe des Gesprächs erzählte er plötzlich von seinem Hobby. ‹Ich habe bei mir im Keller eine Buchbinderei eingerichtet …›

‹Sie können Bücher binden?›, fragte ich.

‹Ja, klar.›

‹Was?! Dann können Sie kommen!› Und ein paar Wochen später war er da.

In den Waldorfschulen ist Buchbinderei ein wichtiges Fach für Kinder, die impulsiv und temperamentvoll sind. Die sich zurücknehmen müssen, die still sein müssen, Genauigkeit brauchen. Bei der Buchbinderei ist man ganz konzentriert, das ist eine genaue Arbeit. Rudolf Steiner hat irgendwann mal gesagt, die Buchbinderei gehört in jede Waldorfklasse. Das ist noch heute obligatorisch. Ich bin kein Pädagoge, aber ich dachte immer, da muss was dran sein. In ganz Namibia gab es keine Buchbinderei, obwohl der Bedarf selbstverständlich vorhanden ist. Also: eine Marktlücke.

Wenn bei uns Studentinnen dieses Handwerk lernten, so war die Überlegung, hätten sie in naher Zukunft einen freien Markt für sich. Herrn Stange bat ich darum, mir eine Skizze zu schicken mit den Maßen für die künftige Buchbinderwerkstatt. Das machte er. Und nach diesem Plan haben wir ein Haus umgebaut. Als Herr Stange eintraf, war es fertig.»

«Und gegenüber», erläutert Traudel Bleks, «wo früher mal die Milch zu Sahne und Butter verarbeitet wurde, dieser Raum wurde dann umgerüstet für den ersten Schritt, die Papierschöpfung.»

Helmut Bleks nickt zustimmend: «Alle Ausbildungen, die wir machen, fangen mit den Grundlagen an. Die Jugendlichen sollen alle Produktionsschritte erlernen und bis zum Ende ausführen. Wenn man eine Buchbinderei hat, muss man auch wissen, wie man Papier macht, damit man ein Gefühl bekommt für Papier. Dieses alte Haus war ideal, weil da alles vorhanden war, auch ein Wasserabfluss. Aus altem Papier wird neues geschöpft, indem es im nassen Zustand von einer Papierzwinge gepresst wird. Das Wasser kann dann gleich in den Abfluss fließen. Sehr praktisch.»

Reinharde, der Kral und der Epochensprung

Viele der jungen Frauen, die im Institut ihre Ausbildung machen, kommen aus dem Norden des Landes, wo sie in einem Kral aufgewachsen sind. Ist Helmut Bleks selbst einmal in einem solchen Kral gewesen?

«Ja!», sagt er. «Eines Tages kam meine Assistentin im Institut, Reinharde Shilongo, zu mir und sagte: ‹Ich würde dir gerne einmal meine Familie vorstellen. Ich möchte, dass du siehst, woher ich komme.› Reinharde arbeitete ursprünglich bei uns in der Verwaltung. Mittlerweile ist sie auch im Vorstand der Stiftung, und irgendwann wird sie eine besondere Rolle in Baumgartsbrunn spielen, da bin ich mir ganz sicher. Sie ist eine treibende Kraft im Institut», erklärt Bleks.

So stiegen Helmut Bleks und Reinharde Shilongo ins Auto und fuhren Richtung Norden. Ziel war zunächst die kleine Stadt Oshakati, die etwa sechshundert Kilometer von Windhuk entfernt nahe der Grenze zu Angola liegt. Lange Autofahrten sind in Namibia etwas Normales, und so fuhren die beiden, abgesehen von einer kurzen Pause, über die gerade Asphaltstraße die gesamte Strecke durch. Von der Stadt zu Reinhardes Heimatdorf ist es nochmal eine Stunde Autofahrt direkt in die Wildnis. Bleks berichtet: «Da sieht man die Krals. Es sind von Holzstangen eingehegte Dörfer. Im Inneren stehen mehrere kleine runde Häuser. Sie bestehen aus zusammengebundenen Pfählen und einem Runddach. Alle paar Kilometer trifft man auf einen anderen Kral – im kahlen, kargen Land sind diese gut und von weit her zu sehen.

Kahl ist es, weil alles abgeholzt wurde, man braucht ja dort Holz zum Feuern. Aber wenn Mahango zu wachsen beginnt, dann ist das Land grün. Mahango ist eine Art Hirse», erklärt Bleks.

Und dann standen Helmut Bleks und Reinharde Shilongo vor dem Kral ihrer Familie. «Da gibt es ein Haus für die Mutter. Eins für den großen Bruder. Eins für die älteste Tochter», erzählt Bleks. «Ein kleines Haus für die Hunde. Ein Haus für den Schwiegersohn. Vielleicht vierzehn, fünfzehn Häuser. Der Fußboden ist gekehrt und mit Kuhmist bestrichen – aus hygienischen Gründen. In der Mitte gibt es eine Feuerstelle, wo man sich jeden Tag dreimal trifft.

Begrüßt wurden wir von Reinhardes Mutter, die gerade barfuß über ein Feld gelaufen kam, mit einem Korb voll Brennholz auf dem Kopf. Den nahm sie erst herunter, nachdem sie uns umarmt hatte. Reinhardes Mutter ist die Älteste in der Familie und damit Autoritätsperson: Vor ihrem Haus wurde auch gegessen. Nach einer gestenreichen Begrüßung sprach die alte Frau ein langes Gebet, und dann setzten wir uns rund um das Feuer, über dem auf Steinen zwei große Töpfe standen. In dem einen Topf befand sich Mahangopap. Das ist im Grunde dasselbe wie Milipap – Maisbrei –, nur, dass die Ovambo statt Mais Mahango mit Salzwasser zu einem festen Brei verrühren. Beim Essen formen dann alle diesen Brei zu einem Löffel und tunken den in den zweiten Topf, den Fleischtopf. Dann schieben sie sich das Ganze in den Mund. Ihre Finger reinigen sie mit Wasser. Das kann in einer Konservenbüchse sein oder in einer Tasse. So sitzt man beieinander und isst zwei Stunden lang. Dazu wird viel geredet. Jedenfalls war es an diesem Tag so. Und das, obwohl ich kein Wort Otjivambo kann und die alte Frau kein Wort

Englisch. Trotzdem haben wir uns gut verstanden. Sie hat gelacht, ich habe gelacht. Sie hat auf Reinharde gezeigt und mir mit einer Geste zu verstehen gegeben, die hätte es weit gebracht. Das habe ich dann bestätigt. Das Essen endete mit einem Dankgebet der Ältesten für das Mahl.

Danach zeigte mir Reinharde die Felder, die von der Familie bewirtschaftet werden. Auf denen hilft sie auch selbst aus, wenn sie in den Ferien zu Hause ist. Ich dachte bei mir: Was für ein Epochensprung! Hier die betagte Mutter, die noch immer Holz in der Wildnis sammelt und im Korb auf dem Kopf barfuß über die Felder trägt. Und da ihre Tochter, die in Baumgartsbrunn am Computer sitzt und E-Mails schreibt. Das ist der Weg, den die Zivilisation in Afrika geht. Hier kann man in einer Familie von einer Generation zur nächsten einen enormen Sprung sehen, den das ganze Land, vor allem in den fünfzehn Jahren seit der Unabhängigkeit, gemacht hat.

Reinharde blieb bei ihrer Familie, ich machte mich allein wieder auf den Rückweg. Unterwegs dachte ich an die Begegnung mit ihrer Mutter und sagte mir: In Deutschland würde man sich vor seinem Chef vielleicht schämen, weil die eigene Mutter draußen immer noch barfuß geht. Aber in Namibia ist es nicht so. Da ist man stolz auf seine Herkunft.»

Miriam – aus dem Kral zur Chefin in Halali

Bislang ist es Helmut Bleks gelungen, jeder Absolventin seiner Haus- und Landwirtschaftsschule, des «Instituts», direkt im Anschluss an die Ausbildung eine feste Anstellung zu verschaffen. Die Absolventinnen arbeiten im ganzen Land. Beispielhaft ist die Geschichte von Miriam, die schließlich die Stelle jenes weißen Restaurantleiters in der Touristenlodge Halali bekam, der den Bleksens und ihren schwarzen Kindern zu Zeiten der Apartheid den Zutritt in das Lokal verweigern wollte. Wie kam es dazu?

«Da muss ich etwas ausholen», beginnt Helmut Bleks. «Es fing damit an, dass Reinharde zu mir kam und fragte, ob bei uns im Institut ein Platz frei wäre für ihre Cousine. Die sei tüchtig, ob sie nicht mal kommen könne. Der neue Kurs hatte gerade begonnen, der Lehrgang war voll. Ich habe trotzdem gesagt: ‹Schick sie doch einfach mal her.› Kurz darauf bekam ich die Nachricht, die Cousine sei jetzt in Windhuk bei Verwandten, ob sie mich treffen könne. Ich sagte, ich hätte am nächsten Tag in Windhuk zu tun, wir könnten uns um drei Uhr in der Stadt treffen. Und dann steht da ein Mädchen, sechzehn Jahre alt, schüchtern, mit Sandalen, so, wie sie eben vom Land kommen. Sie hatte sofort mein Herz gewonnen. ‹Bist du Miriam?›, fragte ich.

‹Ja›, sagte sie mit leiser Stimme.

‹Miriam, was ist mit dir? Bist du krank?›

‹Ich hab Angst›, sagte sie.

‹Und warum?›

Da guckte sie so herum. Sie kam ja aus der weiten Ebene des Ovambo-Landes, und jetzt stand sie zum ersten Mal in der Großstadt: hupende Autos, Hochhäuser, Menschenströme. Das war für sie natürlich beängstigend. Ich sagte: ‹Miriam, weißt du was? Wir gehen jetzt erst einmal einen Kaffee trinken.›

Miriam blieb dann ein paar Tage in Baumgartsbrunn, wo sie sich wohl fühlte. Wir konnten zunächst keine Arbeit für sie organisieren, und für die Haushaltsschule des Instituts war sie noch zu jung. Aber ich war überzeugt, dass sie gut passen würde, und versprach ihr einen Platz im nächsten Kurs, der in zwei Jahren beginnen sollte. Bis dahin müsste sie woanders arbeiten.

Sie kam dann mit achtzehn zum neuen Kurs in die Haushaltsschule zurück und war dort eine der Besten. Sie beendete die Ausbildung mit Auszeichnung, bildete sich woanders weiter, und ich stellte sie dann bei uns als Lehrassistentin im Restaurantbetrieb ein. Das machte sie so gut, dass sie nachher selber die Lehrerin in diesem Fach wurde. Sie war dann einige Jahre Lehrerin für Hotelwesen und machte das vorbildlich. Später bekam sie die Stelle in Halali in der Etosha angeboten: als Leiterin des Restaurantbetriebs. Dort hat sie dann angefangen. Das ist doch ein gutes Beispiel dafür, wie sich die Zeiten geändert haben!»

Merkwürdige Einbrüche und mutige Mädchen

Von der tatkräftigen Miriam kommt Helmut Bleks dann auf andere, «schlagkräftige» Studentinnen zu sprechen.

«In unserer Gegend im Khomas-Hochland kam es eine Zeit lang zu einer Serie merkwürdiger Einbrüche. Es wurde auf verschiedenen Farmen immer wieder in Küchen eingebrochen und nur Essen geklaut. Früh am Morgen klingelte bei mir das Telefon: ‹Mister Helmut, hier ist wieder eingebrochen worden›, sagte jemand aus dem Institut. Ich fuhr schnell rüber und fand das ganze Gelände menschenleer. Ich schaute nach den Mädchen – alle weg! In meinem Büro: niemand. Dann sah ich im Küchengebäude die zerbrochene Fensterscheibe. Und daneben an die Wand hatte jemand in krakeliger Schrift etwas geschrieben. Ich trat etwas näher und las: ‹Mister Helmut, wenn ich meiner Mutter erzähle, dass ich bei dir gestohlen habe, wird sie weinen – aber ich bin so hungrig.› Da war ich gerührt. In der Küche waren verschiedene Kartons zerrissen, ein Regal umgekippt. Warum überhaupt niemand im Institut war, konnte ich mir aber nicht erklären. Ich wollte wieder in mein Auto steigen, da kam mir Reinharde über den grünen Rasen entgegengelaufen: ‹Wo sind denn die Mädchen alle?›, fragte ich. ‹Die sind hinter dem Einbrecher her›, rief sie.

‹Wo denn?›

Sie zeigte mir die Richtung.

Ich lief also den Hügel hinunter und sah folgendes Bild: Die Mädchen standen im Kreis, jede hatte einen Stein in der

Hand, und in der Mitte stand der Einbrecher mit erhobenen Händen, das Diebesgut zu Füßen. Die Mädchen hatten ihn eingekreist und gesagt: ‹Du musst jetzt warten, bis der Mister kommt, sonst steinigen wir dich›, so ungefähr. Ich sagte zu ihm: ‹Du konntest diese ganze Menge doch nicht allein tragen, da muss noch einer dabei gewesen sein?› Da hat er ganz treuherzig gesagt: ‹Ich bin ein paar Mal gelaufen, hab das gesammelt.›

Wir übergaben ihn dann der Polizei, die ihn aber bald wieder freigelassen hat, weil es als Mundraub angesehen wurde.

Ob der junge Dieb wirklich aus Hunger eingebrochen hatte oder ob er nur die Mitleidstour ausprobierte, haben wir nie erfahren.

Ich dachte, der wird sich vor den mutigen Mädchen fürchten und es nicht nochmal bei uns versuchen. Aber drei Wochen später war es wieder passiert. Diesmal hatte er an ein Fenster geschrieben: ‹Dear girls, I love you all – but I'm hungry.› Und die Frauen haben ihn wieder gefangen. Diesmal war er noch in der Nähe des Instituts gestellt worden. Als ich eintraf, war die Polizei schon da. Eine der Schülerinnen stellte sich vor den Dieb, guckte ihn an und fragte: ‹Warum hast du das schon wieder getan?› Und dann hat sie ausgeholt und hat ihm eine geknallt. Die Polizei hielt sich vornehm zurück. Ich fragte: ‹Wollen Sie nicht eingreifen?›

‹Wieso?›, sagten die. ‹Das machen die unter sich aus.›

Schließlich wurde der Junge abgeführt und ist dann auch eine Weile eingesperrt worden. Seitdem hatten wir Ruhe.»

Aufklärung in Zeiten von Aids

Aids spielt im Süden Afrikas eine verheerende Rolle. Hochrechnungen gehen von 230 000 infizierten Personen allein in Namibia aus, das sind fast fünfzehn Prozent der Gesamtbevölkerung. Die Immunschwäche ist die häufigste Todesursache in diesem Land. Wie geht man in Baumgartsbrunn mit diesem Thema um? Helmut Bleks erklärt: «Jeden Monat kommt ein Referent oder eine Referentin von der staatlichen Aidshilfeorganisation in Windhuk. Die gehen dann durch die Klassen. Auf einem Tisch präsentieren die Referenten ihr Demonstrationsmaterial. Dazu gehörten vor allem ein künstlicher Penis und Verhütungsmittel wie zum Beispiel Kondome. Die Vortragenden nehmen auch bei den intimsten Fragen kein Blatt vor den Mund. Es werden von den Schülern und Schülerinnen solche Fragen gestellt wie: ‹Kann man ein Kondom auch zwei- oder dreimal benutzen?› Oder: ‹Wenn ich verheiratet bin und mein Mann will mit mir schlafen, muss ich dann ja sagen? So steht es ja auch in der Bibel.› Die alte Tradition. Aufklärung ist in Namibia von größter Dringlichkeit. Die gestellten Fragen werden von den Referenten gründlich behandelt. Ich staune immer, wie offen die Jugendlichen hier sind. In Deutschland, höre ich immer wieder, ist das den Schülern peinlich, da wird nervös gelacht und die Problematik eher verdrängt. Die Afrikaner dagegen, und zwar beide Geschlechter, nehmen das ganz ernst. Wir haben in der Schule natürlich auch Kinder, deren Eltern an Aids erkrankt oder daran gestorben sind. Einen Aidsfall unter den Schülern selbst hatten wir bislang Gott sei Dank nicht.»

Jubiläum

Im Oktober 1998 wurde in Baumgartsbrunn das fünfundzwanzigjährige Bestehen der Schule gefeiert. Hunderte von Gästen, darunter zahlreiche Altschüler, trafen ein. Ehrengäste aus Namibia und Deutschland kamen hinzu. «Was mich besonders freute», meint Bleks, «war, dass auch Marion Dönhoff, die inzwischen Vorstandsmitglied unserer Stiftung geworden war, extra aus Deutschland angereist kam.»

Besonders gerührt war Bleks über den Besuch von zweihundert «Ehemaligen» von Baumgartsbrunn. «Als ich selber in unserer Kirche auf der Bühne stand und meine Rede hielt, da sah ich unten die Schüler von ganz früher. Die winkten! Ich war so gerührt, dass ich nicht mehr in der Lage war zu sprechen. Da habe ich nur gesagt: ‹Ach, Kinder, ich hab euch alle lieb!›, und habe die Bühne verlassen.»

«Damals war auch unser erster Schulleiter, Meister David Hiponduka, wieder dabei», sagt Traudel Bleks. «Er war 1994 in Pension gegangen. Aber wenn bei uns ein größeres Fest gefeiert wurde, dann war er immer eingeladen. Beim silbernen Jubiläum saß er mit uns in der ersten Reihe und hörte sich den Chor an. Der bestand aus Kindern und aus Erwachsenen, sang aber nicht besonders gut und vor allem nicht im Takt. Da habe ich zu David gesagt: ‹Du musst dirigieren.› Das hatte er ja in seiner aktiven Zeit jahrelang auf dieser Bühne gemacht. Er hatte wohl einen erhöhten Blutzucker und konnte auf seinen schweren Beinen nicht mehr richtig laufen. Trotzdem zog er los. Er kam kaum die Stufen hoch auf die Bühne. Aber dann stand er da oben und begann zu dirigieren. Er hatte die Sänger sofort am Bändel, das war unglaublich. David machte ein Zeichen, und schon fielen die Kinder alle ein, im richtigen Tempo und in der richtigen Melodie. Plötzlich war David wieder voll da, wie befreit von seinen körperlichen Gebrechen. Im Rhythmus des Liedes bewegte sich der alte Lehrer, und sofort tanzten auch alle Kinder da oben.» Noch die Erinnerung an dieses schöne Ereignis lässt Traudel Bleks rhythmisch mit den Fingern schnippen.

Das Jubiläum wurde nicht nur in der örtlichen Presse viel beachtet, sondern auch in Deutschland herausgestellt, mit der Folge, dass neue, dringend benötigte Spenden flossen. Dennoch blieb die finanzielle Situation – wie all die Jahre vorher auch – angespannt.

Der Staat Namibia zahlte weiterhin die Gehälter des Lehrkörpers und bezuschusste die Verköstigung der Schüler. Trotz dieser Maßnahmen gab es in den neunziger Jahren regelmäßig ein Haushaltsdefizit von jährlich etwa einhundertfünfzigtausend D-Mark. Um dieses zu stopfen, reiste Helmut Bleks jedes Jahr nach Deutschland. Er hielt Vorträge über seine Arbeit in Baumgartsbrunn und versuchte Förderer zu gewinnen. Er war hierin überaus erfolgreich. Zuletzt war er mit seinen dreiundachtzig Jahren im Herbst 2003 unterwegs. Stets versucht er auch «Paten» für die Studentinnen der Haushaltsschule zu gewinnen, die die Kosten der Ausbildung übernehmen: 650 Euro für ein Jahr, oder 1300 Euro für die komplette, zweijährige Ausbildung einer jungen namibischen Frau.

Die Farm und die Stiftung heute

«In Namibia gehören achtzig Prozent des Landes den Weißen, die aber nur sechs Prozent der Bevölkerung ausmachen», erklärt Helmut Bleks. «Insofern finde ich es prinzipiell richtig, dass eine Landreform durchgeführt wird. Als Sam Nujoma 1990 die Regierung übernahm, hat er seinen Freiheitskämpfern versprochen: ‹Ihr bekommt alle Land.› Seitdem gab es ein Tauziehen, denn Nujoma wollte einerseits sein Versprechen einlösen, andererseits wollte er einen möglichst gerechten, ausgleichenden Weg finden. Es ist in den fünfzehn Jahren seit seinem Amtsantritt aber zu wenig geschehen, und seine Anhänger sind verärgert. Gleichzeitig wurden die Weißen in den letzten Jahren zunehmend nervös, weil sie sahen, wie drastisch Robert Mugabe mit seiner Enteignungspolitik in Zimbabwe vorgeht. Sam Nujoma hielt in den letzten Jahren seiner Präsidentschaft, die bis November 2004 dauerte, einige übertriebene Reden, aber die waren eher zur Beruhigung der eigenen Anhänger gedacht. So war mein Eindruck. In der Tat ist die namibische Regierung immer behutsam vorgegangen. Und mittlerweile passiert sogar etwas, das ich nie für möglich gehalten hätte: Die weißen Farmer beginnen Verständnis für die Situation der Schwarzen aufzubringen. Die Regierung hat beschlossen, zunächst diejenigen Farmen zu enteignen, die solchen Deutschen gehören, die hier nicht geboren wurden. Die werden gezwungen, ihre Farmen an den Staat zu verkaufen. Das gilt insbesondere für Deutsche, die hier nicht leben, sondern nur eine Farm unterhalten, um ein- bis zweimal im Jahr zur Großwildjagd einzufliegen.

Ein anderes Problem ist, dass die Schwarzen in der Regel noch keine gelernten Farmarbeiter sind, weshalb viele Farmen, die mittlerweile Schwarzen gehörten, eingegangen sind. Ein namibischer Minister hat kürzlich gefordert, dass jeder weiße Farmer einen seiner schwarzen Farmarbeiter so ausbilden soll, dass der eine eigene Farm leiten kann. Das fände ich vernünftig, damit es nicht zu Verhältnissen wie in Zimbabwe kommt, wo die Bevölkerung verhungert, weil fast keine Nahrung mehr produziert wird.»

«Wenn ich auf Baumgartsbrunn blicke», sagt Helmut Bleks, «haben wir, so glaube ich, eine gute Lösung gefunden: Die Farm geht nach und nach in den Besitz der Stiftung über. Die Institution wird der Eigentümer und damit dem Stiftungszweck untergeordnet sein: zum Nutzen der Ausbildung, in diesem Land. Das gilt für immer. Wenn ich also morgen sterbe, dann können meine Nachfolger – wer immer das sein wird – das Land nicht mehr zurückkaufen. Große Teile des Bodens von Baumgartsbrunn haben wir schon eigentumslos gemacht zum Nutzen derer, die die Erfolge und Erträge der Stiftung genießen: die Kinder und die jungen Leute von Namibia.»

Helmut Bleks sieht jetzt sehr entspannt und zufrieden aus. Noch ganz in Gedanken entfernt er einen Fussel von seinem khakifarbenen Hemd und schnippt ihn in den Raum.

Reinharde und Toini

Plötzlich klingelt es an der Tür der Bleks'schen Wohnung. Helmut und Traudel Bleks sehen sich fragend an. Er steht auf und nimmt den Hörer der Gegensprechanlage: «Ja? Ach!» Erfreut drückt Bleks auf den Öffner: «Reinharde und Toini sind das!»

Seit Beginn der Haushaltsschule im Jahr 1991 haben fünf Kurse mit jeweils vierzig Studentinnen nach zwei Jahren Ausbildung den Abschluss geschafft (der erste Kurs dauerte drei Jahre, danach gab es eine zweijährige Pause). Am Ende eines jeden Kurses gibt es eine große Abschiedsfeier – ein Festbankett in einem noblen Hotel, wo die Diplome überreicht werden. In den letzten Jahren feierte man nicht in Baumgartsbrunn oder im nahe gelegenen Windhuk, sondern des besonderen Anlasses wegen im fernen Swakopmund am Atlantischen Ozean. Bleks mietet stets mit Bedacht einen Saal in einem der besten Hotels der Stadt, damit die jungen Absolventinnen sehen, bis wohin sie es bringen können, nun, nachdem sie die Ausbildung in Baumgartsbrunn erfolgreich abgeschlossen haben. Morgen, am 4. Dezember 2004, wird es wieder so weit sein. Der sechste Kurs geht zu Ende, am Abend werden im Hansa-Hotel die Diplome ausgegeben. Die Frauen reisen in drei Kleinbussen schon heute an, damit sie Gelegenheit bekommen, etwas von der Stadt am Meer zu sehen. Viele von ihnen sehen die Küste zum allerersten Mal.

Reinharde Shilongo und Toini Nuuyoma betreten das Wohnzimmer. «Setzt euch zu uns!», fordert Bleks sie auf. Die beiden Frauen sind seine engsten Mitarbeiterinnen am Institut. Seit fünfzehn Jahren ist Reinharde Shilongo seine rechte Hand in Baumgartsbrunn. Toini Nuuyoma ist die Chefin der Küche in der Haushaltsschule. Beide stammen aus dem im Norden gelegenen Ovamboland. Die beiden Frauen um die vierzig machen ihre Arbeit souverän und klug. «Ich möchte gerne, dass sie irgendwann das Institut alleine leiten – die könnten das!», hat Bleks schon oft gesagt.

Jetzt aber ist er erst einmal froh, dass die beiden nach der langen Fahrt von Baumgartsbrunn über Okahandja und Karibib nach Swakopmund gut angekommen sind.

«Wie lange wart ihr denn unterwegs?», fragt er.

«Fünf Stunden. Es ging alles glatt», sagt Reinharde. In ihrem Bus saßen zehn Instituts-Schülerinnen, die in der Jugendherberge untergekommen sind. Reinharde und Toini selbst wohnen in einer Pension, wo sie ihr Gepäck schon untergebracht haben. «Und? Alles in Ordnung?», fragt Bleks mit leicht zweifelndem Blick. «Es ist wunderbar», antwortet Toini. Und als Bleks noch immer zweifelt, fügt sie hinzu: «Wirklich. Nicht so wie letztes Mal …»

«Was ist denn letztes Mal passiert?», frage ich.

«Ach», sagt Toini. «Vor zwei Jahren hatten Reinharde und ich unsere Söhne dabei. Die waren damals noch Jungs und schliefen bei uns im Zimmer. Wir hatten sie aber nicht angemeldet. Na, und als wir vom Einkaufen kamen, rief der Besitzer der Pension, ein Deutscher, uns zu sich, aber in einem Ton …! ‹Hey, ihr zwei! Mal gleich herkommen! Aber Tempo!›», imitiert Toini seine Kommandierstimme. «Ja, und so hat er die ganze Zeit mit uns gesprochen, wie mit Leibeigenen. Dabei waren wir doch seine Gäste. Zahlende Gäste!»

«Wisst ihr», sagt Helmut Bleks mit ernster Stimme: «Das beschämt mich richtig. Auch heute noch.»

«Ach, was soll's?», entgegnet Toini. «Der war eben so.»

Bleks schüttelt den Kopf. «Wo sind denn die anderen zwei Fahrzeuge?», fragt er dann.

«Die waren noch nicht da», antwortet Reinharde. «Aber mach dir keine Sorgen, die kommen schon noch», fügt sie hinzu, als sie Bleks' besorgte Miene sieht.

«Ich habe keine Ruhe, solange ich nicht weiß, dass alle sicher angekommen sind», sagt er.

«Ist denn schon mal etwas passiert?», will ich wissen.

«Bislang nicht. Wir hatten immer Glück», antwortet Helmut Bleks.

«Na ja, was heißt Glück», setzt er noch einmal an. «Wir hatten nie Pech – so ist es richtiger.» Er schmunzelt. Gleichzeitig ist sein Blick ernst.

Bevor die beiden Mitarbeiterinnen sich wieder auf den Weg machen, wirft Toini durch das Panoramafenster noch einen Blick auf das Meer. Sie erzählt dann von einem Erlebnis vor ziemlich genau zwanzig Jahren, das sie nicht vergessen hat. «Ich war damals schon neunzehn Jahre alt, hatte aber bis dahin noch nie das Meer gesehen. Auch nicht auf einem Foto oder im Film. Gar nicht. Wasser kannte ich nur als Regen, der im Norden Namibias selten ist. Ich kam mit meinem älteren Bruder nach Swakopmund, und er wollte sofort ans Wasser. Ich erinnerte mich genau an diesen Moment, als wir die Straße entlangkamen, und plötzlich sahen wir es vor uns: das Meer. Ich war entsetzt! Fand es gruselig! Ich sah nur Wasser, so weit ich gucken konnte, und dachte: Ist das alles *eine* Masse?! Wo kommt das her? Wo geht das alles hin? Wir sind dann runtergegangen zum Strand. Die Brandung war besonders bedrohlich: laut, unberechenbar und schnell. So viel Wasser – für mich war das furchtbar!» Toini lacht, aber die

Erinnerung schüttelt sie auch heute noch. Ihr Bruder lockte Toini damals an das Wasser heran. Sie sollte es berühren. Als es sich zurückzog, ist Toini mit ihrem Bruder ein Stückchen hinterhergelaufen. «Plötzlich drehte mein Bruder sich lachend um und lief zurück auf den Strand. Ich folgte ihm verwundert nach und hörte hinter mir nur noch dieses laute Krachen der Brandung! Ich war wahnsinnig erschrocken, bin losgerannt und habe geschrien!»

Nachdem Reinharde und Toini die Wohnung verlassen haben, kommt Helmut Bleks noch einmal auf den Umgang des deutschen Hoteliers mit den beiden schwarzen Frauen zurück: «Nach der Unabhängigkeit haben viele Weiße um ihre Zukunft und ihr Leben gefürchtet. Aber dann sagte der neue Präsident Nujoma, man wolle in Versöhnung und Frieden mit den Weißen leben und nicht mit Rachegefühlen. Trotzdem kommt dieses diskriminierende, respektlose Verhalten bei Weißen immer wieder vor. Ja, und Toini und Reinharde, die nehmen das in ihrer noblen Art einfach so hin und sagen: ‹Ach der, der ist eben so.›» Einen Moment lang sieht Bleks ganz ratlos aus.

Nach dem Mittagessen und einer kurzen Ruhepause trennen sich die Wege. Helmut Bleks geht direkt zur Jugendherberge, um nach dem Verbleib der anreisenden Studentinnen zu schauen. Seine Frau macht sich auf zum Supermarkt, wo sie für die nächsten Tage einkaufen will. Es ist ein neuer SPAR-Markt, riesig groß. Hohe Regale, prall gefüllt mit Waren aus aller Welt mit sämtlichen gängigen und bekannten Produkten. Es kommt einem im kleinen Swakopmund zwischen Wüste und Wasser plötzlich so vor, als sei man in einer deutschen Großstadt. Während Traudel Bleks mit ihrem Einkaufswagen zwischen den Regalen rangiert, ertönt auf einmal lautes Jubelgeschrei. Im nächsten Moment stürzen sechs junge Frauen auf die alte Dame zu. Umarmen sie herzlich, sind ganz außer sich vor Freude. Die Namibier sind Familienmenschen, und Traudel Bleks scheinen die Studentinnen wie eine Angehörige zu betrachten. Sie bestätigen, dass der zweite Bus angekommen ist, vom dritten hätten sie allerdings die Spur verloren. Traudel Bleks beginnt sich Sorgen zu machen. «Auf den Straßen gibt es viele, die nicht richtig fahren können, vor allem die Laster fahren zu schnell», sagt sie. «Zudem ist die Straße nach Swakopmund nicht sehr breit. Wenn man mit einem Reifen von der Asphaltstraße auf den Sandstreifen gerät, kommt man schnell ins Schleudern.»

Kurz darauf trifft Helmut Bleks in der Jugendherberge ein. Zur selben Zeit kommt vor dem Gebäude der fehlende Bus zum Halten. Dem alten Mann fällt ein Stein vom Herzen. Für einen Moment hat er den Gesichtsausdruck eines kleinen Jungen, dem ein Geschenk überreicht wird. Nach der Begrüßung macht sich Helmut Bleks wieder auf den Weg. Er will im Hansa-Hotel, in dem der Festakt stattfinden soll, prüfen, ob alle Vorbereitungen getroffen sind. Das Hansa-Hotel ist das älteste Hotel der Stadt und gilt als eines der besten des Landes. «Sie haben das günstigste Angebot gemacht, deswegen haben wir uns für sie entschieden», sagt Bleks. «Zudem sind Baumgartsbrunn und das Hotel seit langer Zeit eng verbunden.»

Edvig

Während Helmut Bleks am Veranstaltungsort nach dem Rechten sieht, treffe ich in einem Café Edvig Shikongo. Die Zweiundzwanzigjährige gehört zu der Frauengruppe, die den laufenden Kurs im Institut absolviert hat und morgen Abend verabschiedet wird. Edvig ist eine stolze und selbstbewusste Namibierin. Ihre Bewegungen sind graziös, ihr Gesicht ebenmäßig mit einem hübschen Lächeln. Wie Reinharde und Toini stammt auch Edvig aus dem Ovamboland im Norden Namibias. Sie ist das älteste von zehn Geschwistern. In ihrem Gesicht spiegeln sich Freud und Leid in schnellem Wechsel. Wenn sie lächelt, strahlt sie bezaubernd. Man sieht ihr dann Lebensfreude und hoffnungsvolle Erwartung an. Wenn sie nachdenkt, wirkt ihr Gesicht zu ernst für ihr Alter. Die schön geschwungenen Lippen presst sie dann aufeinander, ihr Blick wird reserviert. Man spürt: Diese junge Frau hat bereits die Härten des Lebens kennen gelernt.

«Die ersten sieben waren Mädchen, dann folgten drei Jungs», erzählt sie über ihre Geschwister. Beim Gedanken an sie lacht Edvig. Nach ihren Eltern gefragt, legt sich ein Schatten über ihr Gesicht. Während sie Erdnüsse aus der Schale nimmt, wirkt sie für einen Moment gedankenverloren. Ihre Mutter sei vor drei Jahren gestorben, sagt sie dann. Plötzlich sei sie krank geworden, und zwei Wochen später war sie schon tot. Die genaue Ursache kennt sie nicht – sie hatte nicht genau verstanden, was der Arzt im Krankenhaus gesagt hatte. Weiter will sie darüber nicht sprechen. «So ist eben das Leben», sagt sie.

Im Ovamboland besuchte Edvig eine der wenigen Schulen. Ihre war etwa acht Kilometer von ihrem Zuhause entfernt. Jeden Tag ist sie den Weg zweimal zu Fuß gegangen, jedes Mal anderthalb Stunden. «Das ist normal», meint Edvig. Nachdem sie ihre Schule beendet hatte, erzählte ihr jemand vom Institut in Baumgartsbrunn. Sie bewarb sich schriftlich und schaffte es unter die Hundert, die zu einem Vorstellungsgespräch eingeladen wurden. «Es war ein Montag», erinnert sie sich. «Mein erster Eindruck vom Institut war der hellgrüne Rasen, in dessen Mitte dieser alte knorrige Baum steht. Drum herum die orangenen Häuser mit den roten Dächern – es sah alles so frisch aus.» Sie kam relativ früh dran, was für ihr Lampenfieber gut war. Trotzdem war sie sehr nervös. Wie alle Studentinnen am Institut nennt auch Edvig den Schulgründer nicht etwa «Mister Helmut» wie die Kinder im Schuldorf, sondern «Mister Bleks». «Als ich ihm gegenüberstand und sein Lächeln sah, ein echtes, sehr freundschaftliches Lächeln, in dem Moment war es dann viel einfacher. Ich setzte mich auf den Stuhl vor seinem Schreibtisch ihm gegenüber. Wir sprachen Englisch – die Sprache zu können ist Voraussetzung, denn in Baumgartsbrunn wird in dieser Sprache gelehrt. Mister Bleks' erste Frage war, ob meine Eltern noch leben und wie viele Leute wir zu Hause seien. Die nächste Frage war, ob irgendjemand in der Familie Geld verdiene, was ich verneinte. Dann fragte er mich, was ich in der Schule lernen wolle. Ich sagte, ich möchte gern in der Gastronomie arbeiten und in Baumgartsbrunn das dazu Nötige lernen. Ob ich nicht Buchbinderei lernen wolle, hakte Mister Bleks nach. Aber das wollte ich nicht so gerne. Später habe ich erfahren, er hoffe immer, dass einige Buchbinderei lernen wollen. Von uns waren nur drei dabei.»

Zwei Wochen nach dem Gespräch mit Bleks bekam Edvig einen Brief aus Baumgartsbrunn: «Ich war angenommen! Der Kurs ging schon wenige Wochen später los, im Januar 2003. Ich bekam ein Bett in einem Zimmer mit sieben anderen Mädchen. Wir waren aus vier verschiedenen Stämmen und Ländern. Zwei von uns waren Ovambo, eine war Herero, eine kam aus Swaziland, zwei aus Malawi und zwei weitere aus Zimbabwe. Das war für uns alle wirklich ungewohnt. Bis dahin hatten wir noch nie mit Mädchen aus anderen Stämmen und schon gar nicht aus fremden Ländern zu tun gehabt. Mister Bleks sagte in seiner Begrüßungsansprache am ersten Tag, wir müssten zueinander wie Schwestern sein. Am Anfang waren wir noch ein bisschen zurückhaltend. Aber mit der Zeit hat sich das gelegt. Wir sind richtige Freundinnen geworden.»

Zu acht in einem Zimmer – wurde das einem nicht manchmal ein bisschen zu eng? Edvig ist über die Frage erstaunt. «Nein, wir Namibier sind es doch gewohnt, auf engstem Raum miteinander zu leben.»

«Und wie verlief die Ausbildung?», frage ich. Edvig: «Man ging ein Jahr lang durch alle Bereiche. Ich war zunächst in der Gärtnerei, dann in der Küche, dann im Restaurant. Dort lernte ich, drei Teller gleichzeitig zu tragen.» Edvig lacht bei der Erinnerung: «Ja, das fand ich ziemlich schwer! Bei uns zu Hause essen wir ja nur aus einer Schüssel – und zwar die ganze Familie! Drei Teller gleichzeitig tragen, also da musste ich lange üben.»

Wie bei allen Absolventinnen des Instituts, mit denen man in diesen Tagen spricht, erkennt man in Edvigs Äußerungen sowohl Offenheit für das moderne Leben als auch Stolz auf die Herkunft aus uralten Traditionen. Der Wechsel zwischen den Welten, wenn sie in den Ferien oder für ein Wochenende zu Hause im Kral sind, fällt keiner schwer. Dann wird bei der Arbeit auf dem Feld geholfen; mit dem Ochsenwagen, vor den heute nicht mehr ein Ochse, sondern ein Esel gespannt ist, wird Wasser aus einer entfernten Quelle herangefahren, und beim Essen versammelt sich die ganze Familie um die große Schüssel. Ein Telefon als mögliche Verbindung zur Welt außerhalb des Krals gibt es nicht.

Das Eis klimpert im Glas, während Edvig ihren Apfelsaft schwenkt. «Nach dem ersten Ausbildungsjahr machte ich ein Praktikum auf der Okapuka-Touristenlodge nördlich von Windhuk. Vier Wochen ging das. Gleich am ersten Abend bestellte in der Bar ein Gast ein Getränk, das ich bis dahin nicht kannte: Gin Tonic. Tonic kannte ich, aber Gin? Ich war alleine in der Bar und wusste nicht, was ich tun sollte. Da bin ich schnell zu dem Kollegen an der Rezeption gelaufen und habe nachgefragt. Er hat gelacht und mir die Mischung erklärt. Das dauerte natürlich eine Weile. Bei dem Gast habe ich mich entschuldigt und ihm erklärt, meine Lehrzeit habe gerade erst angefangen. ‹Kein Problem›, meinte er.»

Wie empfindet Edvig den bevorstehenden Abschied? «Dass ich Baumgartsbrunn nun verlassen muss, macht mich froh und traurig zugleich. Froh, weil ich mit meiner Ausbildung eine Perspektive habe und sogar einen Job im Süden, der in ein paar Tagen beginnt. Traurig bin ich, weil ich weiß, dass ich einige meiner Freundinnen nie wieder sehen werde.» Davon scheint Edvig fest überzeugt. Für einen Moment verschließt sich ihr Gesicht wieder. Sie presst die Lippen aufeinander und wendet sich für einen Moment ab. «Ich bin sehr gespannt», sagt sie dann, «wie das werden wird. Ich war noch nie im Süden. Ich bin dort so weit entfernt von meiner Familie, die ja im Norden lebt. Ich muss es einfach versuchen. Mal sehen, ob ich das aushalte. Wenn nicht, gehe ich wieder zur Familie zurück. Das ist klar.»

Ingrid und Johanna

Kurz darauf setzen sich zu uns Ingrid Pietersen und Johanna Mbelli, ebenfalls Absolventinnen der Hauswirtschaftsschule Baumgartsbrunn. Sie sind dreiundzwanzig und fünfundzwanzig Jahre alt und werden morgen Abend im Hotel Hansa ebenfalls ihre Diplome entgegennehmen. Was hat ihnen die Ausbildung gebracht? «Das Wichtigste», beginnt Ingrid, die in Mariental im Süden Namibias aufwuchs, «ist das Selbstbewusstsein, das ich bekommen habe. Und dass ich so viele Menschen aus unterschiedlichen Stämmen Namibias und aus anderen Ländern kennen gelernt habe.» Ingrid hat schon eine Anstellung als Köchin in einem neu eröffneten italienischen Restaurant in Swakopmund gefunden. Später möchte sie selber Küchenchef in einem Restaurant werden.

Johanna Mbelli arbeitet im selben Restaurant als Bedienung im Service. «Das ist nur vorübergehend», sagt sie. «Ich möchte ja nicht mein Leben lang als Kellnerin arbeiten. Ich arbeite, um genügend Geld für ein Studium zu verdienen.» Johanna wirkt sehr selbstbewusst. Vermutlich ist das der Grund dafür, dass sie am nächsten Abend im Hansa-Hotel durch die Veranstaltung führen wird. «Ein ziemlich großes Programm haben wir vor. Es werden viele Reden gehalten, und dazwischen singt der Chor …»

Johanna wuchs mit drei Brüdern, drei Schwestern und einer Cousine, deren Eltern früh gestorben waren, am Rande von Swakopmund bei ihrem Vater, einem Minenarbeiter, auf. Sie hat noch viele Halbgeschwister, wie viele es genau sind, weiß sie aber nicht. «Ungefähr siebzehn», sagt sie ganz selbstverständlich. Vom Institut Baumgartsbrunn erfuhr sie durch Freunde. Bevor sie mit Helmut Bleks sprach, hatte jemand ihr gesagt, «dass er manchmal eine komische Sprache spricht, eine Mischung aus Afrikaans, Englisch und Deutsch, und dass er sich ärgert, wenn man ihn nicht versteht.» Nervös sei sie vor dem Bewerbungsgespräch aber trotzdem nicht gewesen. «Nein, wir haben uns auch gleich gut verstanden. Wir sprachen Englisch», lacht Johanna und fährt weiter fort: «Herr Bleks ist streng und genau. Ich glaube, beides muss sein, wenn man so eine Schule führt. Wenn er nein sagt, meint er das auch so. Anderseits, wenn man zum Beispiel am Wochenende zu seinen Eltern fahren wollte, war das kein Problem.»

Was sie im Institut neben den Ausbildungsfächern noch gelernt hat? «Mit zweiundvierzig Frauen tagaus, tagein zusammen zu sein, daran musste ich mich erst gewöhnen. Wir haben gemeinsam getanzt, herumgealbert und Geschichten erzählt. Manche Frauen, die ich zuerst unsympathisch fand, wurden mit der Zeit sogar meine Freundinnen. Mit ihnen werde ich auch in Kontakt bleiben. Außerdem habe ich gelernt, für mich selbst verantwortlich zu sein, auch in kleinen Dingen wie zum Beispiel im Ordnunghalten. Als ich während der Ausbildung das erste Mal wieder zu Hause war, sagte mein Vater: ‹Wow!›»

Ein Spaziergang am Nachmittag

Am späten Nachmittag brechen Helmut und Traudel Bleks zu einem ausgedehnten Spaziergang auf. Swakopmund liegt unter blauem Himmel, ein sanfter, aber kühler Wind weht vom Meer, es herrschen trotzdem milde Temperaturen.

Der Spaziergang führt das alte Ehepaar durch die breiten Straßen von Swakopmund bis zum Atlantikstrand. Dort setzen sie sich auf die Terrasse eines Restaurants, bestellen ein Bier und betrachten das Treiben am Wasser. Kindergeschrei liegt über dem Areal, das sich unter den gewaltigen Palmen und dem rotweißen Leuchtturm ausbreitet. Jugendliche stürzen sich auf Styroporbrettern in die Wellen. Andere spielen Beach- oder Volleyball. Eltern sitzen beieinander und unterhalten sich. Die Anzahl von schwarzen und weißen Menschen hält sich hier die Waage. Was vor fünfzehn Jahren, zu Zeiten der Apartheid, undenkbar war, ist hier Realität. Doch so friedlich und fröhlich die Atmosphäre ist, so bemerkt man doch auf den zweiten Blick, dass sich Schwarze und Weiße an diesem Strand niemals mischen. Hier spielen zwei weiße Mädchen Beachball, daneben liegt eine Gruppe schwarzer Jungen. Eine dunkelhäutige Mutter mit ihren drei Kindern steht am Wasser, direkt daneben lassen drei weiße Jugendliche ihre Surfbretter zu Wasser. Manchmal nähern sich die beiden Gruppen an, wenn eine große Welle sie durcheinander wirbelt. Dann wird ein Wort gewechselt, ein freundlicher Blick ausgetauscht, das war's. Vielleicht ist die Rassentrennung am Strand die subtilste, denn hier ist die Farbe der Haut jedes einzelnen so deutlich zu sehen wie sonst nirgends. «Die

Menschen sind noch nicht so weit», erklärt Helmut Bleks. «Sie gehen mittlerweile zusammen in die Schule, aber in der Freizeit bleiben sie meistens getrennt.»

Als die Nachmittagssonne die Küste in ein warmes Licht taucht, wandert das Ehepaar Bleks die Mole entlang bis zum Ende, wo Bänke stehen und man auf das offene Meer hinausschaut. Helmut Bleks hat seinen blauen Pullover um die Schultern geworfen, die Hände in den Taschen. Traudel Bleks' blaue Hemdbluse flattert im Wind. Das Ehepaar setzt sich und blickt schweigend auf das bewegte Meer. Der Wind fährt ihnen in die silbergrauen Haare. Nach einer Weile sagt Helmut Bleks: «Ist doch komisch: Man schaut lange aufs Meer, obwohl da eigentlich gar nichts passiert.» Nach einem Moment fügt er hinzu: «Aber es passiert eben doch viel.» Er lacht. Überlegt kurz. Dann wiederholt er, mehr zu sich selbst: «Eigentlich passiert nichts, und doch passiert viel ...»

Seit fast sechzig Jahren ist das Ehepaar Bleks verheiratet – ein Leben zu zweit. Heutzutage eine Seltenheit. Ich würde gerne etwas über die Geschichte dieser Beziehung wissen. Wie haben die beiden sich kennen gelernt? Wann und wo haben sie geheiratet? Und jetzt, da ich so viel über Helmut Bleks' zweites Leben in Namibia, aber auch über die Vorgeschichte, die Managerjahre und die Nachkriegsjahre in Deutschland gehört habe, möchte ich gerne etwas über seine Kindheit erfahren. War sie glücklich oder unglücklich? Wer war die wichtigste Bezugsperson, wer hat ihn geprägt? Macht er sich Gedanken über die Auswirkung der Kindheit auf den Rest des Lebens, oder spielt das für ihn keine Rolle?

KAPITEL 5

Kindheit, Krieg und Wiedersehen

Swakopmund, am 3. Dezember. Abends

Die Sonne ist untergegangen und hat einen tiefdunkelblauen Himmel hinterlassen. Auf dem Esstisch in der Bleks'schen Wohnung brennen drei Kerzen. «Heute Abend wird im Restaurant Bleks gegessen», sagt die Hausfrau, während sie in der Küche die Champignoncremesuppe umrührt. Helmut Bleks sitzt in seinem Sessel. Eben hat er das Buch «Tod im Reisfeld» von Peter Scholl-Latour zugeklappt und die Leselampe ausgeknipst. «Ich kann mir ein Leben ohne Lesen gar nicht vorstellen», sagt er. Seine Brille baumelt zwischen seinen Fingern, der Fuß wippt, während er einem Gedanken nachhängt. «Wir können gleich anfangen», sagt seine Frau. Es ist das Zeichen, dass ihr Mann sich um die Getränke kümmern soll. Helmut Bleks holt aus dem Kühlschrank drei Dosen «Tafelbier». «Das ist das beste Bier in Namibia», findet er. Es zischt, als er die Dosen öffnet.

Glückliche Kindheit, unglückliche Jugend

Geboren wurde Helmut Bleks am 19. Oktober 1920 in Berlin, aber aufgewachsen ist er in Ostpreußen. «Meine beiden Brüder und ich lebten in Texeln», erzählt er. «Das war ein kleiner Ort im Kreis Goldap, unweit der litauischen Grenze. Dort wohnten wir auf dem Hof unserer Großeltern mütterlicherseits. Meine Mutter hatte zwölf Geschwister, so waren alle Höfe der Nachbarschaft von Verwandten bewohnt. Meine Mutter lebte bei uns, während der Vater in Berlin geblieben war. Er kam ab und an zu Besuch, hatte aber nur wenig Einfluss auf unser Leben. Dagegen war der engste Vertraute in meiner Kindheit mein Opa Karl. Er war die Autorität. Und er war es auch, der für die Schulbildung sorgte. Der Großvater war der Meinung, dass es bei uns auf dem Land keine anständige Schule gebe. Deswegen reiste er nach Berlin und brachte von dort einen Lehrer mit. Herrn Koch, einen relativ jungen Mann. Als Klassenzimmer musste der Blaue Salon dienen, das war ein Raum, in dem alle Sessel mit Stoffschonern überzogen waren, die nie entfernt wurden, weil der Salon nicht genutzt wurde. Nun wurden diese Sessel alle entfernt, kleine Tische und Bänke wurden gebaut – so wurde ein Klassenzimmer installiert. Einige Kinder aus der Nachbarschaft kamen hinzu, und so entstand eine Klasse mit zwölf Schülern. Was wir gelernt haben? Ich kann mich an nichts erinnern, was ich dort gelernt hätte. Was ich aber genau erinnere, ist das Gesicht vom Opa, das eines Tages am Fenster erschien. ‹Kommt, Jungs, Hasenjagd!›, rief er, und in Sekunden waren wir draußen. Das war eine willkommene Abwechslung. Lehrer Koch war allerdings nicht sehr begeistert ...», erinnert sich Bleks lachend. «Ich erinnere mich ansonsten nicht an viele Ereignisse aus der Kindheit. Aber ich denke, es war eine glückliche Kindheit. Ja. In Ostpreußen, in der wunderschönen Landschaft, war ich glücklich. Zum Beispiel fällt mir gerade die Windmühle ein. Die hat mich immer fasziniert. Sie stand auf einem der Nachbarhöfe. Ich war sieben Jahre alt, als ich an einem Sommertag lange vor ihr stand und beobachtete, wie die gewaltigen Flügel langsam durch den Himmel kreisten. Ich fragte mich, ob ich mich an einem der Flügel festhalten könnte. Dann würde ich mich einmal rundherum durch die Luft ziehen lassen. Während ich so da stand und träumte, kam der Müller angelaufen, packte mich und schimpfte: ‹Wenn du es je wagen solltest, dich daran zu klammern, dann gibt es einen Riesenkrach! Wenn du überhaupt lebend von da oben wieder runterkommen solltest ...›, fügte er noch grimmig hinzu. Vor dem Müller hatte ich große Angst. Aber vor dem Fliegen hatte ich keine.»

Die glückliche Kindheit in Ostpreußen endete, als Helmut Bleks zehn Jahre alt war. Finanzielle Gründe zwangen seine Großeltern zum Umzug nach Berlin. «Ihnen wurde eine schöne Wohnung angeboten, die allerdings im vierten Stock lag», erzählt Bleks. «Opa Karl wollte sie unbedingt mieten. Niemand konnte das verstehen, schließlich war Opa Karl schon fast siebzig Jahre alt, und im Haus gab es keinen Fahrstuhl. Die Großmutter, die noch lange traurig über den Umzug war, sagte: ‹Ich weigere mich, mehr Treppen zu steigen als bis in den zweiten Stock.› – ‹Dann trage ich dich eben das letzte Stück›, antwortete Opa Karl. Und so machte er es. Seit dem Einzug hat er die Oma jeden Tag vom zweiten in den vierten Stock getragen.»

Eine Geschichte aus der Berliner Zeit, sagt Bleks, stehe ihm noch so klar vor Augen, als sei sie gestern erst passiert. «Ich saß in meiner neuen Schulklasse, als ein Taxi vor der Schule hielt. Der Fahrer kam rauf ins Klassenzimmer und fragte: ‹Habt ihr hier einen Helmut Bleks?› Alle drehten sich um zu mir. ‹Der soll sofort nach Hause kommen, sein Großvater liegt im Sterben.› Ganz langsam stand ich auf. Unterwegs im Taxi habe ich schon geheult, ich konnte es gar nicht fassen.

Ich kam nach Hause, da waren schon die halbe Familie und der Arzt um das Bett von Opa Karl versammelt. Wie ich ihn dort liegen sah, war ich eigentlich gar nicht mehr so traurig, denn er sah aus wie immer: Lag einfach so da und schlief. Er hatte einen Spitzbart, der immer sehr gepflegt war. Und ich erinnere mich noch an seinen schwarz lackierten Spazierstock mit einer silbernen Krücke. Der lehnte jetzt an der Wand neben seinem Bett. Dort war auch Tante Annchen, seine Tochter. Die kniete vor ihm und weinte – für meine Begriffe ganz unnatürlich. Sie sagte: ‹Vater, Vater, segne mich, segne mich!› Eine sehr bedrückende Stimmung herrschte in dem Zimmer. Und dann passierte etwas Schreckliches: Plötzlich schlug Opa Karl die Augen auf, blickte böse in die Runde, erhob sich und stieg in seinem langen Nachthemd aus dem Bett. ‹Seid ihr denn alle ganz und gar verrückt geworden?!›, fragte er. Alle waren sprachlos. ‹Mädchen, hör endlich auf zu heulen!›, schimpfte er, aber Tante Annchen weinte jetzt nur noch lauter. Opa Karl befahl: ‹Alle raus hier! Verschwindet! Lasst mich allein!› Betroffen verließen alle das Zimmer. Ich war der Letzte, wollte gerade zur Tür hinaus, da hörte ich hinter mir Opas Stimme: ‹Helmut, du bleibst hier.› Als wir allein im Zimmer waren und endlich Ruhe herrschte, setzte sich Opa Karl zufrieden auf sein Sofa: ‹Wo sind denn die Zigarren, Helmut?› Ich holte ihm den Kasten aus dem Versteck im Schrank, und er zündete sich genüsslich eine Zigarre an. Ich liebte diesen Geruch und setzte mich neben ihn auf das Sofa. Er zog ein paar Mal, blies den Rauch in den Raum und sagte dann: ‹Na, was hast du heute gelernt in der Schule? …›

Opa Karl starb erst Jahre später. Ich war fünfzehn, als ich an sein Sterbebett herantrat und wusste, dass es diesmal ernst war. Bei diesem letzten Gespräch sagte er: ‹Helmut, du wirst mal Leutnant!›

‹Ja, Opa.›

‹Versprichst du mir das?›

Ich habe es ihm versprochen.

Die Schule in Berlin, wo ich nie gerne hingegangen war, habe ich frühzeitig abgebrochen. Das war Anfang 1938, da war ich siebzehn Jahre alt. Damals gingen alle Jungs zur Hitler-Jugend. Da wollte ich auch hin, zumal ich die Chance hatte, mir dort einen Traum zu verwirklichen: Segelfliegen. Seit meiner Kindheit hatte ich davon geträumt, einmal Pilot zu werden. Bei meinem ersten Segelflug saß ich wie gelähmt auf dem Sitz. Ich sah hinunter auf die Landschaft und hielt mich am Steuerknüppel fest. Ich war froh, als ich wieder unten war. Aber danach war ich süchtig nach Fliegen.»

Bei Ausbruch des Zweiten Weltkriegs war Helmut Bleks gerade noch achtzehn Jahre alt. «Wie hast du den Krieg erlebt?», frage ich ihn. «Für uns Jungs war der Ausbruch des Kriegs nichts Schlimmes, sondern etwas Spannendes», erinnert sich Bleks fünfundsechzig Jahre später. «Da wollen wir mitmachen – so war die Stimmung. Man hatte uns in der

Hitlerjugend ja eingebläut: Ihr seid die kommende Generation, die Besten, die Stärksten, ihr könnt alles und so weiter. Hart wie Kruppstahl seid ihr, flink wie die Windhunde, zäh wie Hirschleder – das waren so die Sprüche», zitiert Bleks. «Dadurch wurde bei uns ein Stolz aufgebaut, und nun wollten wir uns auch beweisen. Hinzu kam noch die Abenteuerlust: nach Frankreich, nach Griechenland, nach Afrika, da könne man jetzt hin, hieß es. Das fanden wir natürlich verlockend. Ich wurde zu den Fallschirmjägern geschickt. Für mich war der ganze Krieg im Grunde ein riesengroßes Abenteuer, wo man nur zusehen musste, einigermaßen heil durchzukommen», erinnert sich Bleks. «Ich bin einige Male schwer verwundet worden, hatte aber auch viel Glück: Als wir über Kreta abgeworfen wurden, ist die Hälfte von unten abgeschossen worden. Später in Caen, in Frankreich, wurde bei einem Bombeneinschlag einmal unsere gesamte Gruppe verschüttet. Alle anderen waren sofort tot. Nur der Kompaniemelder Uhlig, mit dem ich befreundet war, und ich lebten noch. Wir lagen nebeneinander. Ich konnte mich nicht mehr rühren, alles war steif. Nur die linke Hand konnte ich etwas bewegen. Es vergingen Stunden, niemand kam uns zu Hilfe. Der Uhlig sagte: ‹Diese Qual überleben wir nicht.› Zwei Tage lagen wir nur so da; ich in einer Art Dämmerzustand. Einmal wachte ich auf, weil ich ein Kratzen an meinem Hals spürte. Der Uhlig versuchte, mir mit seinem Messer in den Hals zu stechen. Mit letzter Kraft versuchte er, mich zu töten – aus Erbarmen. Er wollte mich erlösen. Vorher hatte er schon versucht, mir die Pulsadern aufzuschneiden, das hatte ich gar nicht mitbekommen. Uhlig dachte, dass ich sterben würde. Ich war damit auch absolut einverstanden. In so einer Situation hat man keine Angst vor dem Tod», sagt Bleks.

«Im Gegenteil. Du weißt: Jetzt bist du eigentlich schon in der anderen Welt. Du wartest – händeringend – auf den Tod als Erlösung.

Als ich wieder aufwachte, lag ich im Lazarett. Man hatte uns noch einen weiteren Tag später gefunden. Als man uns ausgrub, stellte sich heraus, dass der Uhlig mittlerweile gestorben war. Bei mir war ein Bein ausgekugelt, nun zeigte das rechte Bein nach vorn, das linke nach hinten. Das Problem wurde behoben. Aber im Kopf hatte ich einen Splitter, der ein paar Zentimeter herausguckte. Den hatten sie erst einmal stecken gelassen. Da kam irgendwann aber die Krankenschwester zu mir und sagte: ‹Sie müssen sich den Splitter mal rausoperieren lassen, Sie zerreißen ja alle Kopfkissenbezüge.›»

Der Urlaub und die Tochter des Kommandeurs

Helmut Bleks und Gertraude Schminke lernten sich im Krieg kennen. «Schuld war im Grunde Traudels Vater», sagt Helmut Bleks. «Das kam so: Mein Kommandeur Fritz Schminke war ein Nudelfabrikant aus Löbau in Sachsen. Als ich Urlaub gewährt bekam, sagte er: ‹Hören Sie, wenn Sie jetzt nach Berlin fahren, hätten Sie die Güte, etwas für meine Frau und meine Kinder abzugeben? Da sind wichtige Papiere drin, die möchte ich nicht verlieren.›

Ich bin also, auf dem Weg nach Berlin, wo meine Eltern lebten, zunächst nach Löbau gefahren. Die Schminkes wohnten in einem großen Haus außerhalb der Stadt. Die Frau meines Kommandeurs öffnete die Tür, ich stellte mich vor und übergab das Päckchen. Frau Schminke bat mich herein, weil sie etwas über den Verbleib ihres Ehemanns erfahren wollte. Wir tranken einen Tee, unterhielten uns lange, bis sie sagte: ‹Herr Bleks, Sie können jetzt nicht mehr weiterreisen, übernachten Sie doch bei uns und fahren morgen weiter.› Das Angebot habe ich angenommen. Aber am nächsten Tag war es wieder so nett bei den Schminkes, dass ich noch einen weiteren Tag blieb. Und so ging es weiter von Tag zu Tag. Außerdem hatte ich inzwischen die drei Töchter meines Kommandeurs kennen gelernt und mich sofort in die älteste verliebt. Das war Traudel.

Als ich zurückkehrte, fragte mein Kommandeur: ‹Na, wie war es bei Ihren Eltern?›

‹Da war ich gar nicht›, antwortete ich.

‹Ja, wo waren Sie denn?›

‹In Ihrem Haus! Ihre Frau Gemahlin hat mich eingeladen. Da bin ich geblieben. Und außerdem, ich sage es lieber sofort, ich kenne jetzt Ihre Tochter – die möchte ich irgendwann heiraten.›

Der Schminke hat mich angeguckt und gedacht: Der ist wohl total verrückt. Dann aber sagte er: ‹Ich bitte Sie um eins. Wenn Sie es ernst meinen, lassen Sie meine Tochter jetzt in Ruhe und sagen ihr das alles nicht. Meinen Segen haben Sie schon. Aber ich wünsche, dass Traudel erst ihr Abitur macht und nicht von Ihnen gestört wird. Darauf müssen Sie mir Ihr Ehrenwort geben.› Ich bin also hin und habe ihm das in die Hand versprochen. Dann sagte er: ‹Jetzt trinken wir darauf ein Glas Wein. Und nun will ich davon nichts mehr hören.›

Der 5. Mai 1945: Hochzeit in der Endzeit

«Die Rote Armee war längst auf deutschen Boden vorgedrungen, die Wehrmacht auf dem Rückzug», erzählt Helmut Bleks. Ich war zu der Zeit auf Genesungsurlaub in Löbau bei der Familie meiner geliebten Traudel. Wir saßen im Salon, und Mutter Schminke öffnete einen Brief, den sie von ihrem Mann bekommen hatte. Sie las den Brief vor, der mit den Zeilen endete: ‹Dass die beiden sich lieben, haben wir ja nun wohl bemerkt. Ich will dazu noch sagen: Wenn sie heiraten wollen – meinen Segen haben sie.›

‹Ich gehe gleich zum Standesamt›, meinte ich daraufhin, ‹und werde alles daransetzen, dass wir sofort heiraten!›

‹Muss das sein?›, fragte Traudels Mutter besorgt. ‹Die Russen stehen doch vor der Tür, die können übermorgen hier sein … Wir müssen weg!›

‹Darum ist es wichtig, dass wir es sofort machen.› Ich hatte das sichere Gefühl, dass wir auf der Stelle heiraten sollten, denn niemand konnte wissen, was in den nächsten Wochen passieren würde. ‹Wir haben doch die Auflage, dass wir die Fabrik räumen müssen›, wandte Traudels Mutter noch ein. ‹Das machen wir nachher›, sagte ich. Ich ging raus zu den Pionieren, die vor der Fabrik standen. In der Nähe führte eine Straßenbrücke über einen Eisenbahneinschnitt. Die Kameraden waren dabei, diese Brücke zu sprengen. Danach wären wir von der Stadt Löbau abgeschnitten gewesen. Ich sagte zu dem Pionier: ‹Wenn du die Brücke stehen lässt, bis wir übermorgen wiederkommen aus der Kirche, dann bist du zu meiner Hochzeit eingeladen.›

‹Ich komme!›, sagte er.

Zwei Tage später, es war der 5. Mai, saßen wir in einer Kutsche, die wir organisieren konnten, und fuhren zur Kirche. Aus der Ferne hörte man Kanonendonner und Explosionen, aber das war uns egal. Wir waren einfach nur glücklich. Die Kutsche hielt vor der Kirche, und ich ging gleich hinein. Der Kirchendiener sagte: ‹Ihre Braut müssen Sie eigentlich mitnehmen, wenn Sie heiraten wollen …›» Helmut Bleks lacht und erklärt: «In meiner Aufregung hatte ich Traudel in der Kutsche vergessen! Bin also wieder zurück, und dann sind wir zusammen reinmarschiert. Die Glocken läuteten, Traudels Schulfreundinnen waren versammelt, eine sang Beethoven: ‹Ich liebe dich am Abend und am Morgen …› Die Orgel spielte. Es war ein großer Augenblick. Leider war es meinen Eltern in jenen Tagen nicht möglich, dabei zu sein. Sie mussten in Berlin bleiben», wirft Helmut Bleks ein und fährt dann fort: «Nach der Zeremonie standen wir vor der Kirche. Wieder hörte man Kanonendonner, aber wir achteten nur auf das Glockengeläut – es kam mir vor, als seien wir im tiefsten Frieden. Auf dem Rückweg streuten zwei Kinder Blumen. Wir nahmen die beiden mit in die Kutsche. Auf der Rückfahrt legte ich meinen Arm um Traudel. Ich war sehr glücklich und fragte die Kinder: ‹Sagt mal, könnt ihr auch was singen?›

‹Ja sicher!›, riefen sie fröhlich.

‹Gut, dann singt doch mal was.›

Sie sangen: ‹Fuchs, du hast die Gans gestohlen …› Und wir trauten unseren Ohren nicht.

‹Danke, ist schon in Ordnung›, sagte ich. ‹Ihr braucht nicht weiterzusingen.›

Die Brücke über die Eisenbahn stand bei unserer Rückkehr tatsächlich noch. Unmittelbar nachdem wir sie in unserer Kutsche passiert hatten, wurde sie gesprengt. Wir zogen uns mit den Gästen in Traudels Elternhaus zurück und feierten. Der Pfarrer konnte wunderbar Klavier spielen. Traudel und ich tanzten lange. Es war bis dahin der glücklichste Tag in meinem Leben», strahlt Helmut Bleks.

Die Flucht

Am Tag ihrer Hochzeit war Helmut Bleks vierundzwanzig Jahre alt, seine Frau achtzehn. Am folgenden Tag, zwei Tage vor Kriegsende, trat das junge Paar zusammen mit einem Freund die Flucht in den Westen an. Sie beschlossen, zu Fuß durch das tschechische Grenzland im Süden zu flüchten. «Dieser Freund, Helmut und ich hatten entschieden, nur nachts zu wandern und tags im Unterholz zu schlafen», erzählt Traudel Bleks. «Wir sind dann los, jeder nur mit einem Rucksack. Zwei Nächte sind wir marschiert, aber die Orientierung war fast unmöglich. Wir mussten also doch tagsüber gehen, um voranzukommen», fährt ihr Mann fort. «Da haben wir es so gemacht, dass einer vorging, alles ausspähte, und die anderen beiden kamen dann hinterher. Einmal hörten wir plötzlich Schritte auf uns zukommen. Soldaten?, fragten wir uns und versteckten uns schnell im Unterholz. Von dort hörten und sahen wir die Beine ankommen. Es waren aber nicht, wie befürchtet, Soldatenstiefel, sondern einfache Schuhe. Es waren alles tschechische Zivilisten und befreite Gefangene. Als sie schon fast vorüber waren, drehte sich einer nochmal um und hat uns entdeckt. Wir stiegen aus dem Unterholz, die haben uns umzingelt und auf Tschechisch angesprochen. Wir verstanden kein Wort, aber es wurde schnell klar, was sie wollten. Und dann haben die uns alles weggenommen.

Wir sind dann weiter», fährt Helmut Bleks fort. «Traudel war als verwundeter Soldat verkleidet, mit einem Verband um den Kopf. Das war für den Notfall, falls Russen uns finden sollten. Tja, und dann ist es passiert. Wir waren wieder lange durch die Wälder marschiert und sahen schon den Waldrand. Unser Freund sagte, er würde vorausgehen, um zu sehen, ob da draußen alles frei sei. Er verschwand und kam nicht mehr zurück. Traudel und ich wussten nicht, was wir tun sollten. War etwas passiert? Dann hätte er versucht, uns zu warnen. Vielleicht hatte er den Weg zurück zu uns nicht mehr gefunden? Wir warteten noch eine Weile mit zunehmender Sorge und beschlossen dann, vorsichtig nachzusehen, wo dieser Freund geblieben war. Wir bewegten uns langsam, traten aus dem Wald – und plötzlich waren wir von russischen Soldaten umzingelt und wurden verhaftet. Sie führten uns zu einem Feld, wo lauter Leute waren wie wir: Flüchtlinge, viele Frauen, Kinder, deutsche Landser … und auch unser verschollener Freund! Da standen und lagen wir also herum und warteten ab, was geschehen würde. Eine ganze Weile passierte gar nichts.

Irgendwann ging ein russischer Soldat durch die Reihen, kam langsam auf uns zu, und wir hielten die Luft an. Er blieb tatsächlich bei uns stehen, zeigte auf mich und sagte: ‹Du mitkommen.›»

Traudel Bleks kann sich an diesen Moment genau erinnern: «Ich dachte nur: Jetzt ist es aus. Jetzt wird Helmut erschossen. Gerade erst haben wir geheiratet, und jetzt ist schon alles vorbei. Ich bin aufgestanden und habe gesagt: ‹Dann komme ich mit.› Der Soldat sah mich erstaunt an, er hatte mich ja für einen verwundeten Soldaten gehalten, und nun stand vor ihm eine Frau. Aber das war mir egal. Ich dachte, wenn schon, dann werden wir *beide* erschossen.»

«Wir wurden zu einem Tisch geführt, hinter dem ein Offizier saß und etwas schrieb», berichtet Helmut Bleks. «Als er fertig war, legte er den Stift beiseite, sah mich an und sagte in ganz gutem Deutsch: ‹Du führst jetzt eine Gruppe von Gefangenen nach Pirna. Da ist eine Entlassungsstelle für Flüchtlinge. Da kriegt ihr alle Entlassungspapiere und könnt nach Hause gehen.› Das klang verlockend, war aber natürlich alles gelogen. Was dort wirklich auf uns wartete, ahnten wir noch nicht.

Eine Gruppe von Männern und Frauen wurde zusammengestellt, und dann marschierten wir los. Wir würden zwei Tage bis nach Pirna an der Elbe, jenseits des Sandsteingebirges, brauchen, mussten also einmal übernachten. Das bedeutete aber höchste Gefahr für die Frauen. Überall liefen Rotarmisten herum, und man wusste, was drohte, wenn die abends getrunken hatten. Wir mussten uns etwas überlegen. Es dämmerte schon, als wir eine Scheune fanden und beschlossen, dort die Nacht zu verbringen. Eine der Frauen war schon ziemlich überdreht, die sagte: ‹Warum machen wir überhaupt eine Pause? Ich will weitergehen!›

Wir versuchten ihr klar zu machen, dass wir uns ausruhen mussten, um den restlichen Weg von zwölf bis vierzehn Stunden Fußmarsch durchhalten zu können.

‹Ich will aber jetzt nach Pirna›, sagte sie.

‹Das ist jetzt nicht möglich.›

‹Doch, das ist möglich. Also, dann gehe ich eben allein weiter!›

‹Das kannst du nicht machen, das ist lebensgefährlich›, sagten wir.

‹Lasst mich in Ruhe!›, meinte sie und ist dann losgezogen.

In der Nacht kamen tatsächlich Soldaten und suchten Frauen, fanden aber keine. Die erzählten, dass sie eine einzelne Frau auf dem Weg nach Pirna aufgeschnappt hätten …

Am nächsten Morgen sind wir weitermarschiert. Nachmittags hatten wir Pirna erreicht. Von weitem konnten wir schon das riesige Lager sehen. Erschöpft standen wir schließlich vor einem geschlossenen Tor. Da amtierte ein deutscher Offizier, ein Leutnant, mit einer Armbinde, die ihn auswies als Helfer der Russen. Der sagte: ‹Alle Männer in das Lager, die Frauen gehen da rüber.› Er zeigte nach rechts, wo in einiger Entfernung eine Gruppe Frauen und Soldaten stand. Man konnte gleich spüren, dass irgendetwas nicht stimmte. Ich sagte zu dem Leutnant: ‹Ich bin froh, dass unseren Frauen unterwegs nichts passiert ist, und jetzt kommen die auch zusammen mit uns hinein in das Lager.› Der Leutnant reagierte nicht. In dem Moment kam ein Russe auf Traudel zu. Sie versteckte sich hinter meinem Rücken. Der Mann gab mir zu verstehen: ‹Du nimmst in Russland meine Frau, und ich nehme jetzt deine …›»

«Das war schrecklich!», sagt Traudel Bleks. Es scheint, als drücke es ihr jetzt, sechzig Jahre später, noch einmal die Luft ab.

«Ich verlor die Beherrschung», erzählt Helmut Bleks. «Ich brüllte den Mann an, bis er abhaute. Der war gerade weg, da kam wieder der deutsche Leutnant und befahl: ‹Jetzt die Frauen da rüber, aber schnell!›

Von dort drüben hörte man aber bereits verängstigte Stimmen. Ich habe dann zu unserer Gruppe gesagt: ‹Los, wir drücken jetzt das Tor auf.› Glücklicherweise hat man uns das tun lassen. Wir sind dann alle in das Lager rein. Der dienstgradälteste Offizier von uns Gefangenen wurde zum Kommandanten des Lagers gemacht. Das war unser vermisst gewesener Freund. Und der machte mich gleich wieder zu seinem Ordonnanzoffizier.

Eines Abends sagte er zu mir: ‹Helmut, komm mal mit, ich habe da eine Idee …› Wir verzogen uns in einen stillen Winkel und konspirierten verstohlen. Mein Freund, der Lagerkommandant, eröffnete mir seinen Plan: ‹Als ich Amtsgerichtsrat war, da hatten wir den Fall eines Kerls, der Stempel fälschte. Der nahm ein abgepelltes gekochtes Ei, rollte es über einen frisch gedruckten Stempel und übertrug das auf ein anderes Papier. Das funktionierte! Das müssen wir hier auch versuchen, dann könnten wir unsere eigenen Entlassungspapiere herstellen! Geh doch mal rum und finde einen, der so was kann.›

Nachdem ich einen gefunden hatte und mein raffinierter Freund es tatsächlich geschafft hatte, ein gekochtes Ei zu organisieren, haben wir noch am selben Abend Entlassungspapiere geschrieben, wir wussten ja, wie die aussehen. Auf einem Blatt konnte man gleich mehrere Personen zugleich entlassen. Am nächsten Morgen war es dann so weit. Wir mussten irgendwie an den Stempel des russischen Offiziers herankommen. Mein Mitverschwörer hatte auch hier die richtige Idee: ‹Die geben doch Tagesbefehle aus›, sagte er. ‹Diesen Befehl schreiben wir auf und bitten den Offizier, den abzustempeln, damit das Blatt offiziell ist.› Ich bin dann zum russischen Offizier gegangen und legte ihm das Blatt vor. Er sah mich fragend an. ‹Ja, bei der deutschen Armee ist es üblich, dass man Tagesbefehle schreibt. Würden Sie diesen bitte abstempeln, damit er von Ihnen kommt und offiziell ist?›, bat ich ihn. Nachdem er den gefälschten Wisch abgestempelt hatte, bin ich hinübergerast zu meinem Lagerkommandanten, wo auch der Mann mit dem gekochten Ei wartete. Der ist dann mit dem Ei über den frischen Stempelabdruck rübergegangen und hat ihn auf unsere Entlassungspapiere übertragen. Zweimal hat das funktioniert, beim dritten Mal war der Abdruck schon zu schwach. Aber wir nahmen uns vor, beim nächsten Tagesbefehl genauso zu verfahren. Auf den ersten beiden Blättern hatte ich neben einer Reihe anderer Frauen natürlich Traudel mit aufgeschrieben.»

«Fünfundvierzig Frauen waren wir», ergänzt Traudel Bleks. «Wir haben unsere Sachen zusammengepackt, haben die Entlassungspapiere beim Tor vorgezeigt und sind dann alle zusammen hinausspaziert. Wir konnten gar nicht glauben, dass es funktioniert hatte. Und als wir gerade alle draußen waren, schrie hinter uns plötzlich ein russischer Soldat: ‹Stoi! Stoi! Halt! Halt! …›»

Helmut Bleks erinnert sich auch genau an diese Szene: «Mein Freund und ich hatten das vom Büro aus beobachtet. Als die Frauen alle das Lagertor hinter sich hatten, waren wir so glücklich gewesen, wir haben uns umarmt. Und dann dieser Schock: Die Russen rufen sie wieder zurück! Das konnte nur schlimme Folgen haben. Als ich sah, wie die Frauen eine nach der anderen durch das Tor zurückkamen, war das ein Moment, wo ich innerlich aufgab», erzählt Bleks. «Ich dachte: Das war's. Jetzt ist die Sache aufgeflogen, jetzt werden sie den Frauen etwas antun, und uns werden sie wahrscheinlich zur Strafe umbringen. Wir standen wie gelähmt am Fenster und sahen die Frauen in das Lager zurückkommen. Sie versammelten sich vor drei Soldaten, die zu ihnen sprachen. Was sie sagten, konnten wir nicht verstehen. Mein Freund mumelte: ‹Was machen die da eigentlich?› Ich sah es jetzt auch: Die Soldaten gaben den Frauen irgendetwas, und die packten das ein …

‹Brot …›, hörte ich neben mir.

‹Brot …›, wiederholte ich. Wir konnten es nicht fassen.»

«Als die Wachen uns zurückbefohlen haben», erinnert sich Traudel Bleks, «habe ich nur gedacht: O Gott! Als wir in das Lager zurückkamen, haben wir das Schlimmste befürchtet. ‹Gehen Sie mal zu den drei Soldaten da vorn›, wurde uns gesagt. ‹Die haben noch etwas für Sie.› Wir tappten da hin mit zitternden Knien. Die Russen waren dann aber sehr freundlich und ließen den Dolmetscher sagen, für die Strecke sollten wir doch etwas Proviant mitnehmen, damit unterwegs keine von uns verhungert. Das war alles!»

Traudel Bleks' Flucht

In Swakopmund ist es still geworden. An Bleksens Haus ist schon lange kein Auto mehr vorbeigefahren. Durch das halb geöffnete Fenster dringt das Rauschen der Brandung.

Während Helmut Bleks im Mai 1945 im Lager bei Pirna blieb, flüchtete seine junge Ehefrau in den Westen. Wann und ob die beiden sich wieder sehen würden, wussten sie nicht. Wie verlief die Flucht der Achtzehnjährigen? Traudel Bleks erzählt: «Wir entlassenen Frauen wollten zuerst nach Dresden, das war nicht so weit. Nach einem langen Marsch kamen wir am Abend in eine Vorstadt von Dresden. Wir hatten Angst, weil die russischen Soldaten da noch immer feierten und im Siegestaumel wild betrunken unberechenbar waren. Wir hörten Entsetzliches von Vergewaltigungen.

Wir haben uns versteckt, haben eine einigermaßen ruhige Nacht verbracht und sind am nächsten Tag weitergezogen. Ich wusste, auf dem letzten Stück nach Dresden würde ich an dem Haus vorbeikommen, wo mein Onkel und meine Tante wohnten, bei denen ich als Kind oft gewesen war. Am liebsten wäre ich jetzt zu denen hingegangen. Aber meine Tante hatte mir erst vor kurzem gesagt: ‹Wenn die Russen kommen, bringen wir uns alle um!› Nun waren die Russen da, und ich hatte Angst, dass ich in das Haus komme, wo meine Tante, mein Onkel und die Kinder alle tot auf dem Boden liegen. Ich bin also mit den anderen Frauen weitermarschiert. Wir gingen zum Dresdener Hauptbahnhof, weil es hieß, von da aus würden jeden Abend Züge in Richtung Westen abfahren. Tatsächlich stand ein Zug am Bahnsteig.

Den haben wir natürlich gleich gestürmt. Wir warteten stundenlang. Der Zug fuhr aber nicht ab. Also haben wir in den Abteilen übernachtet – das war natürlich viel besser als unter freiem Himmel oder an irgendwelchen Sammelstellen. Am nächsten Morgen quetschten sich noch weitere Hunderte Flüchtlinge in den Zug hinein. Alle wollten weg aus der russischen Zone, wollten nur noch in den Westen. Der Zug war nachher so voll gestopft, dass unsere Gruppe Frauen beschloss, auf das Wagendach zu klettern. Dann endlich bewegte sich der Zug, und wir Frauen fuhren auf dem Dach mit. Zum Glück ging das ganz gut. Der Zug fuhr ja nicht so schnell. Aber dann schrie plötzlich eine: ‹Da kommt ein Tunnel!› Es blieb uns nichts übrig, als uns platt hinzulegen und abzuwarten. Und so haben wir es dann bei jedem Tunnel gemacht. Von der Dampflokomotive bekamen wir immer Rauch und Ruß ab, es waren auch immer so kleine Funken dabei, die Löcher in die Kleider brannten. Aber uns ging es gut, die Sonne schien, und irgendwann kamen wir in Chemnitz an. Die Leute dort nahmen uns richtig in Empfang und freuten sich mit uns, dass der Zug durchgekommen war, und brachten uns sogar Bier. Das war das erste Bier meines Lebens – und ich hatte vielleicht einen Durst! Das hat so gut geschmeckt, so frisch. Ich hab das nie vergessen.

Von Chemnitz aus schlug ich mich durch nach Leipzig, wo entfernte Verwandte meiner Eltern lebten. Da kreuzte ich plötzlich auf, zu deren Befremden. Sie nahmen mich aber auf, und so hatte ich erst einmal eine Bleibe, und zwar im Westen, denn Leipzig war zu Anfang von den Amerikanern besetzt.»

Nach sechs Wochen bekam Traudel Bleks einen Brief von ihrem Mann. Er schrieb, er sitze noch immer fest im

Lager bei Pirna und werde demnächst nach Russland deportiert. «Ich war sofort entschlossen, ihn zu besuchen», erzählt Traudel Bleks. «Anschließend wollte ich wieder in meine Heimat, nach Löbau, zurückkehren. In der Zwischenzeit waren nämlich die Amerikaner aus Leipzig abgezogen, und die Russen waren gekommen. Ich habe gedacht: Wenn die Russen sowieso hier sind, dann kann ich auch zurück nach Hause. Ich fand eine andere Frau, die auch zurück nach Osten wollte. Ich habe ein paar Sachen für Helmut eingepackt, lange Unterhosen und so, habe schnell einen Kuchen für ihn gebacken von dem wenigen, das es gab, und dann sind wir beiden Frauen losmarschiert. Das erste Hindernis war die Mulde, der Fluss. Weit und breit war keine Brücke zu sehen, also haben wir uns einfach ausgezogen und so den Fluss durchschritten. Bei der ersten Gelegenheit sind wir ein Stück mit dem Zug gefahren und schließlich nochmal anderthalb Tage marschiert. Vor Pirna haben sich unsere Wege getrennt. Ich bin zum Lager an den Zaun gewandert, weil ich gehört hatte, dass dort die Gefangenen zu bestimmten Uhrzeiten herankommen durften. Da konnte man sich mit ihnen unterhalten. Es war ein riesiges Lager, man sah die Gefangenen in der Ferne. Die Wachsoldaten sprachen nur Russisch, sodass man sie nichts fragen konnte. Aber dann entdeckte ich den deutschen Leutnant, der uns damals vor dem Tor nicht reinlassen wollte. Der erkannte mich und sagte: ‹Tut mir leid, Ihr Mann ist nicht mehr hier.›

‹Wo ist er denn jetzt?›, fragte ich.

‹Ja, die sind weg, nach Russland.›

Da bin ich heulend nach Dresden gelaufen. Diesmal ging ich zu der Tante und dem Onkel, von denen ich damals befürchtet hatte, dass sie sich umgebracht hätten. Sie lebten alle noch. Das war ein schönes Wiedersehen. Dort erholte ich mich eine Nacht, bevor es weiter ging Richtung Löbau. Ich war verzweifelt, den Helmut so knapp verpasst zu haben», stellt Traudel Bleks auch sechzig Jahre nach dem Ereignis bewegt fest. «Vor allem wusste ich nicht, ob und wann ich ihn wieder sehen würde. Das konnte Jahre dauern. Und vielleicht würde ich ihn auch nie mehr sehen – dieser Möglichkeit war ich mir durchaus bewusst.

Der Weg von Dresden nach Löbau war beschwerlich, obwohl die Städte eigentlich nicht weit voneinander entfernt liegen. Sechzig, siebzig Kilometer vielleicht. Aber fast alle Brücken waren kaputt, viele Schienen auch, es herrschte in den Nachkriegsmonaten überall Chaos. Mit vielen Umwegen, Stück für Stück, näherte ich mich Löbau. Ich war so froh, wieder in die Heimat zu kommen. Aber ich hatte auch Angst, was wohl in der Zwischenzeit mit meiner Mutter und meinen Schwestern passiert sein könnte. Wo hatte es sie wohl hinverschlagen? Lebten sie überhaupt noch?

Es war Mitternacht, als ich in Löbau ankam. Niemand war auf den Straßen. Ganz allein bin ich durch die Stadt marschiert. Unser Haus liegt etwas außerhalb. Ich musste mitten durch die russische Kommandantur. Ich weiß noch genau, wie ich dort den russischen Posten stehen sah. Der guckte mich an, ich ging einfach vorbei, und der hat nichts gesagt. Spät in der Nacht stand ich dann vor meinem Elternhaus. Alle Fenster waren dunkel. Ich klopfte an die Tür und überlegte mir, wie ich in das Haus hineinkommen könnte. Aber dann hörte ich Schritte. Die Tür ging auf – und da stand meine Mutter!»

Kriegsgefangenschaft und Rückkehr

Helmut Bleks kam als Kriegsgefangener in das knapp vierhundert Kilometer nördlich von Moskau gelegene Lager bei der Stadt Tscherepowez am Rybinsker Stausee der Wolga, wo er sich einer Baukolonne anschloss und das Mauern und Zimmern von der Pike auf lernte, was ihm später von großem Nutzen sein sollte. Zufällig traf er in diesem Lager auf seinen Schwiegervater. Helmut Bleks erzählt: «Zuerst hatte er mich gar nicht erkannt. Ich hatte eine Dystrophie, so ein richtiges Mondgesicht, durch das Hungern und die Mangelernährung. Beim Sitzen musste ich den Kopf immer gerade halten und beim Liegen versuchen, ihn höher zu betten, sonst wurde alles zu sehr beansprucht. Jetzt musste der Schwiegervater erst einmal genau hingucken, bis er mich erkannte.» Im November 1948 wurden Helmut Bleks und sein Schwiegervater zeitgleich aus der Kriegsgefangenschaft entlassen. Bleks erzählt: «Ich wollte aber nicht zurück in die sowjetisch besetzte Zone und ließ mich deshalb nach Hamburg entlassen. Meinen Schwiegervater hatte ich gebeten, der Traudel dies zu erklären. Ich würde ihr schreiben, sobald ich eine Bleibe hätte. Ich sehnte mich nach ihr und hoffte, dass sie bald nach Hamburg kommen würde.

Zusammen mit einem in der Gefangenschaft gewonnenen Freund bin ich in die Hansestadt gefahren. Ihm war es im Lager manchmal sehr, sehr schlecht gegangen. In der Zeit hatte er immer von seiner Frau in Hamburg geschwärmt. Ich hatte den Eindruck, dass ihn die Aussicht auf die Rückkehr zu ihr am Leben hielt. Nun fuhren wir im Zug über die Alster zum Dammtorbahnhof. Ganz in der Nähe ist die Schlüterstraße, dort lebte seine Frau. Das Wiedersehen stand kurz bevor. Der Fußweg zur Wohnung war kurz, aber ich merkte, dass der Mann von Minute zu Minute nervöser wurde. Ist ja klar, dachte ich. Nach den vielen Erzählungen war ich auch sehr gespannt, seine Frau kennen zu lernen. Dann standen wir vor der Wohnungstür. Mein Freund klingelte. Stille. Dann öffnete sich langsam die Tür, und da stand sie dann vor uns: dunkles Haar, helle Augen, eine sehr schöne Frau. ‹Hier bin ich›, sagte der Heimkehrer mit ausgebreiteten Armen. Seine Frau sah ihn schweigend an. Er wurde blass. Dann sagte sie: ‹Ich habe aber einen neuen Mann. Er sitzt im Wohnzimmer.› Mein Freund wankte, sagte dann zu mir: ‹Bring mich bitte ins Hotel.› Die ganze Nacht saßen wir schweigend beisammen. Der Freund war gebrochen. Solche Schicksale hat es in der Nachkriegszeit viele gegeben.

Nachdem ich die ersten Tage in Blankenese bei Tante Elli, einer Verwandten von Traudel, gewohnt hatte, zog ich zum Christlichen Verein Junger Männer, CVJM, in der Nähe vom Hauptbahnhof. Da lebten viele, die aus Russland kamen und keine Bleibe hatten. Nicht nur junge Soldaten, sondern auch ausgediente Obersten und andere Offiziere. Alles durcheinander.

Eines Tages sagte ein Kamerad aus dem CVJM zu mir: ‹Ich habe da einen Brief bekommen von einem Ehemaligen. Meister heißt er. Der wohnt jetzt auf Norderney. Der schreibt, sein Bruder sei in Russland vermisst. Er hoffe, dass er noch lebt und dass da, wo er lebt, die Menschen mit ihm gut umgehen. Aus diesem Grunde würde er hier einen Heimkehrer aufnehmen, den er so behandeln will, wie er hofft, dass sein Bruder in Russland behandelt wird.› Mein

Kamerad, der das Angebot selbst nicht annehmen wollte, weil er andere Pläne hatte, sah mich an: ‹Du bist doch gerade der Richtige!›»

Die Insel Norderney und ein glückliches Wiedersehen

Helmut Bleks springt gleich weiter in seiner Erzählung. «So kam ich auf die Nordseeinsel Norderney. Die Familie Meister lebte nah am Strand. Das waren Herr und Frau Meister und ihr Baby. Wenn Frau Meister einkaufen ging, hat sie immer gesagt: ‹Herr Bleks, seien Sie so lieb und gucken nach dem Kleinen, ja?›

‹Selbstverständlich.›

Die Meisters waren sehr freundlich, trotzdem kam mir die Situation irgendwie unwirklich vor», erzählt Bleks. «Da komme ich nach so vielen Jahren Krieg und Gefangenschaft zurück und lebe nun bei einem jungen Ehepaar mit Baby am Strand …»

Traudel Bleks, die zu jener Zeit noch in Löbau wohnte, erfuhr über ihren Vater von der Rückkehr ihres Mannes aus der Gefangenschaft. Seither hatte sie Briefe von Helmut aus Hamburg erhalten, in denen er sie bat zu kommen. Traudel Bleks erzählt: «Als mein Vater mir von Helmuts Entlassung nach Hamburg berichtet hatte, sagte ich sofort: ‹Dann will ich jetzt auch nach Hamburg.› Darauf Vater: ‹Du kommst nicht über die Grenze, du brauchst eine Erlaubnis …› Zwischen Löbau in der sowjetischen und Hamburg in der britischen Besatzungszone lag ja doch die ziemlich scharf bewachte Zonengrenze», erklärt Traudel Bleks.

«Die russische Kommandantur in Löbau war schon zu. Es vergingen einige Tage, in denen ich verzweifelt darüber nachdachte, was ich denn tun sollte. Kurz darauf kriegte ich von Helmut wieder einen Brandbrief, ich solle doch bitte kommen. Meine Eltern wollten mich aber trotzdem nicht gehen lassen. Ich habe dann einfach meinen Rucksack gepackt und bin abgehauen. Ohne Passierschein.

Bis nach Hamburg waren es über fünfhundert Kilometer. Ich war zu Fuß, mit der Bahn oder per Anhalter unterwegs – Hauptsache, es ging Richtung Westen. Kurz vor der Grenze der sowjetischen Zone traf ich auf ein Ehepaar, das auch ‹rüber› wollte. Natürlich ging das nur über die grüne Grenze, aber auch dort lauerten russische Posten. Man konnte es nur nachts wagen. Gefährlich war es trotzdem, wenn man sich in der Gegend nicht auskannte.

Dann trafen wir drei einen Mann, der sagte, er kenne die Gegend sowie einen Schleichpfad und wisse auch genau, wann die Wachablösung sei. Das wollte er uns aber nicht verraten. Es war ein Schleuser, wie man heute sagen würde. ‹Wenn ihr mir fünfzig Mark gebt, pro Kopf, bringe ich euch rüber›, sagte er. Das war ein Haufen Geld. Aber wir mussten es riskieren. In der folgenden Nacht hat er uns dann durch den Wald geführt. An einer Stelle blieb er plötzlich stehen, zeigte in eine Richtung und sagte: ‹Da müsst ihr jetzt hin.› Wir haben ihm geglaubt und kamen dann tatsächlich im Westen, irgendwo bei Uelzen, raus. In Uelzen bin ich in den Zug gestiegen und nach Hamburg gefahren. Dort traf ich meine Tante Elli, die mir sagte, Helmut sei mittlerweile in Norderney. Seinen Brief von dort hatte ich nicht bekommen. Es waren nur wenige Tage vor dem 24. Dezember. Ich wollte unbedingt am Heiligabend bei Helmut sein. Also fuhr ich am nächsten Morgen mit der Bahn nach Norddeich an der ostfriesischen Küste und bestieg dort einen Dampfer, der mich auf die Insel Norderney bringen sollte.»

Helmut Bleks hatte von der bevorstehenden Ankunft seiner Frau nichts erfahren. Frau Meister, die unterrichtet gewesen war, wollte ihm eine Überraschung bereiten. Zu dem jungen Heimkehrer sagte sie: «Herr Bleks, gehen Sie doch bitte zum Hafen, meine Freundin will kommen und über Weihnachten hier bleiben. Seien Sie doch so freundlich und holen Sie sie ab.»

«Aber die kennt mich doch gar nicht», antwortete er.

«Ja, aber ich hab Sie beschrieben. Sie wird Sie ansprechen. Stehen Sie doch so, dass Sie ein bisschen alleine sind.»

«Gut, mache ich.» Helmut Bleks ging also zum Hafen, setzte sich dort auf einen Holzstoß und wartete auf das Schiff.

Er erzählt: «Ich beobachtete den einlaufenden Dampfer, sah die einzelnen Leute über die Gangway kommen, halte Ausschau nach einer Frau, die die Freundin von Frau Meister sein könnte – und dann sehe ich plötzlich Traudel … Nach dreieinhalb Jahren! Ich hatte mich nach ihr gesehnt und Briefe geschrieben, aber in diesem Moment schämte ich mich – ich hatte ja immer noch einen aufgedunsenen Kopf. Am liebsten wäre ich weggelaufen. Bloß weg, bloß weg!, dachte ich. Aber ich blieb sitzen. Wenn Traudel ein falsches Gesicht gezogen hätte, ein erschrockenes oder ein enttäuschtes, dann wäre ich wirklich weggelaufen. Aber Traudel kam zu mir gerannt, mit einem strahlenden Lächeln, und schloss mich in die Arme. Sie hat geweint. Ich habe geweint. Es war schrecklich schön.»

«Aber, sag mal, Traudel», meint der alte Bleks dann zu seiner Frau. «Du musst doch enttäuscht gewesen sein – so, wie ich damals aussah …»

«Ach woher», antwortet sie. «Ich war doch so glücklich,

dich wieder zu sehen und dass wir uns überhaupt wieder gefunden hatten.»

Kurz nachdem das wieder vereinte Paar Weihnachten gefeiert hatte, drohte schon wieder die nächste Trennung. Im Haus der Familie Meister wurde es zu eng, außerdem mussten beide, Helmut und Traudel Bleks, Geld verdienen. Sie bekam eine Stelle als Kindermädchen in der Nähe von Detmold, er einen Job im Kleinwalsertal. Doch nach wenigen Wochen zog Helmut Bleks nach Detmold und damit in die Nähe seiner Frau. Und einige Monate später zog das Paar zusammen in den Ruhrpott, weil beide glaubten, dass dort die Wirtschaft in Deutschland am ehesten wieder angekurbelt würde und die Aussicht auf Arbeitsplätze am besten sei.

Die Kerzen auf dem Esstisch in der Bleks'schen Wohnung in Swakopmund sind mittlerweile heruntergebrannt. Für diesen Abend ist genug erinnert und erzählt worden. Heute wollen Helmut und Traudel Bleks nicht zu spät ins Bett, denn morgen Abend findet die große Verabschiedungsfeier der Absolventinnen des Instituts statt, und am Vormittag gilt es, Abschied von einem alten Freund zu nehmen. Es wird ein langer Tag werden.

KAPITEL 6

Abschiede

Swakopmund, am 4. Dezember 2004. Vormittags

Der Tag, an dessen Ende die Abschlussfeier der Absolventinnen der Haushaltsschule stehen wird, beginnt für das Ehepaar Bleks jedoch zunächst mit einem endgültigen Abschied: David Hiponduka, der langjährige Schulleiter von Baumgartsbrunn, ist vor wenigen Tagen im Alter von siebenundsiebzig Jahren in Windhuk gestorben. Der alte Freund der Bleksens, der vor dreißig Jahren in Baumgartsbrunn anfing und vor zehn Jahren in Pension ging, stammte aus Walvis Bay, wo er heute Vormittag beerdigt wird.

Die Beerdigung

Am frühen Vormittag fahren wir los: Traudel Bleks am Steuer des VW-Jetta, Helmut Bleks auf dem Beifahrersitz, Reinharde, Toini und ich auf der Rückbank. Die Straße von Swakopmund nach Walvis Bay, die sich dreißig Kilometer schnurgerade zwischen Wüste und Meer entlangzieht, gilt als die gefährlichste in Namibia; *«Deathroad»* wird sie genannt. Junge Fahrer testen hier gerne die Geschwindigkeit ihrer – technisch oft mangelhaften – Autos, vornehmlich in den Nächten, aber manchmal auch am Tag. Auf keiner anderen Straße in Namibia sind so viele Menschen verunglückt und gestorben wie auf dieser. So gefährlich die Straße ist, so atemberaubend schön ist die Fahrt zwischen dem blauen Atlantik auf der einen Seite und den blassorange schimmernden Dünen der Namib-Wüste auf der anderen.

«Ich werde bei der nächsten Inspektion mal fragen, was eine Servolenkung kostet. Ich brauche jetzt eine», meint Traudel Bleks. Beim vielen Lenken in der Stadt ist ihr dies letzthin unangenehm aufgefallen.

«Was du brauchst, ist ein neues Auto», antwortet ihr Mann.

«Kommt nicht in Frage. Meine Jetta gebe ich nicht weg.»

«Die hat doch zweihundertfünfzigtausend Kilometer mittlerweile, oder?», schätzt Helmut Bleks.

«Dreihundert! Aber sie fährt noch wie eine Eins», erwidert seine Frau.

«Mit der Jetta ist es wie mit mir», sagt Helmut Bleks nach einer Weile. «Ich laufe auch wie eine Eins. Aber neulich hatte ich plötzlich ein Herzproblem. Wer weiß denn, wo die Jetta einmal stehen bleiben wird? Wenn man dann gerade durch die Wüste fährt ...»

«Nach jeder Inspektion ist die Jetta wieder wie neu», sagt Traudel Bleks abschließend und mit dem unerschütterlichen Vertrauen, dass alles noch eine Weile gut gehen wird. Helmut Bleks weiß, dass er seine Frau nicht wird überzeugen können.

Die Beerdigung von David Hiponduka findet in einem der Townships von Walvis Bay statt, das aus kleinen Häusern besteht, die wie aneinander gereihte bunte Bauklötze im hellen Wüstensand aussehen. Als wir eintreffen, ist die Kirche bereits mit ungefähr achthundert Trauergästen gefüllt. Unter ihnen sind, neben der Familie des Verstorbenen, auffallend viele junge Leute. Es sind ehemalige Schüler von David Hiponduka, viele aus Baumgartsbrunn. Eine Reihe rückt zusammen, das Ehepaar Bleks setzt sich. Ab und zu blickt jemand aus der Menge zu ihnen hinüber, manchmal wird still gegrüßt, die beiden nicken dann zurück. Ob Helmut und Traudel Bleks wohl aufgefallen ist, dass wir unter den Trauergästen die einzigen Weißen sind?

Nach dem Gottesdienst und bevor der Trauerzug zum Friedhof aufbricht, treffen Bleksens vor der Kirche auf zahlreiche alte Bekannte. «Hallo, Mister Helmut!», ruft ein junger Mann mit gebügeltem blauem Hemd. Der Alte dreht sich um: «Hey, Ronny!»

«Ich bin extra aus Windhuk gekommen, um Meister David die letzte Ehre zu erweisen.»

«Du bist groß geworden!», stellt Bleks fest. «In Windhuk lebst du? Hast du Arbeit?»

«Ja, ich bin bei der Post angestellt.»

«Toll!», freut sich der alte Mann. Mit zehn Jahren war Ronny aus einem Kral im Norden Namibias nach Baumgartsbrunn gekommen und hatte vorher noch nie eine größere Stadt gesehen. Als er die Schule vor drei Jahren verließ, war er sechzehn. Seitdem ist er deutlich gewachsen und hat sich ein eigenes Leben in der Hauptstadt aufgebaut.

Während der Unterhaltung hat sich eine Frau in der farbenfrohen Tracht der Herero dazugestellt. Erst jetzt erkennt Bleks sie: «Clara! In so einem Gewand habe ich dich ja noch nie gesehen!» Die beiden umarmen sich, soweit das die vielen Stoffschichten des Kleides zulassen. Clara war eine Lehrerin in der Anfangsphase von Baumgartsbrunn. Heute arbeitet sie an einer Schule in Windhuk. Ja, es gehe ihr gut, versichert sie. «Und wie geht es dir?»

«Mir geht es doch immer gut», sagt Helmut Bleks. «Nein, das stimmt gar nicht», korrigiert er sich. «Mir ging es sogar ganz schlecht. Ich musste ins Krankenhaus, hatte Probleme mit dem Herzen.» Clara sieht den alten Mann besorgt an. «Du musst auf dich aufpassen …», sagt sie. Die beiden umarmen sich noch einmal, dann geht Clara weiter.

Für Helmut und Traudel Bleks ist es ein großes Wiedersehen mit den ehemaligen Schülern und Lehrern, für die wiederum es eine große Freude zu sein scheint, an diesem Vormittag im Dezember 2004 auf den noch immer rüstigen Schulgründer und seine Frau zu treffen. Die ganze Dimension der Bleks'schen Arbeit wird in diesen Minuten deutlich: Seit über dreißig Jahren haben Kinder in Baumgartsbrunn gelernt, Lehrer haben gelehrt, viele Mitarbeiter wirkten mit im Betrieb des Schuldorfes. Zwei Generationen haben die Schule mittlerweile durchlaufen, weshalb ein Querschnitt aller Altersklassen heute unter den Trauernden versammelt ist: Eine alte Dame, eine ehemalige Lehrerin, erzählt von ihren sieben Enkelkindern; ein junger Vater zeigt stolz seine beiden Söhne. Dazwischen immer wieder ganz junge Menschen – Schüler, die erst kürzlich abgegangen sind.

Erinnerungen werden wach: Maria, die noch zu Zeiten der Apartheid in Baumgartsbrunn lernte, erinnert Bleks an einen Restaurantbesuch in Okahandja: «Weißt du noch, wie der weiße Mann den Tisch umgeschmissen hat und brüllte: ‹Ist es hier schon so weit, dass wir mit Kaffern an einem Tisch sitzen müssen?› Er hat dann das Restaurant laut schimpfend verlassen, und wir haben es uns da alle gut gehen lassen …»

Bleks kann sich an den Vorfall gut erinnern. Solche Erlebnisse waren in der Apartheidszeit nicht selten.

Ein Mann mittleren Alters, sportliche Figur, aber schon graue Schläfen, kommt hinzu. Es ist Benjamin, der zu den allerersten Schülern gehörte, die damals noch unter dem Kameldornbaum unterrichtet wurden. Er ist bei der Polizei angestellt und hilft heute der Familie des Verstorbenen bei der Organisation. «Wie geht's dir denn, Benjamin?», fragt Helmut Bleks.

«Trauriger Tag heute, aber ansonsten gut. Ich gehöre jetzt zur Leibwache des Präsidenten», antwortet er nicht ohne Stolz.

«Meeensch!» Der alte Mann boxt dem Polizisten anerkennend auf die Brust.

Viel Zeit ist vergangen seit jenen Tagen, als Helmut Bleks sein zweites Leben begann. Über eintausendfünfhundert Schüler haben seither eine Schulbildung bekommen und damit eine realistische Perspektive in einem Land der Armut.

Aus dem gut aussehenden, sportlichen Manager Bleks, der 1971 mit seiner Frau aus Deutschland kam, ist ein grauhaariger Mann geworden. Noch immer ist sein Blick wach und rege, er wirkt deutlich jünger, als er tatsächlich ist. Die Schultern zieht er hoch, etwas mehr noch als früher. Steifer ist er geworden, seine Bewegungen sind manchmal ein wenig eckig, aber noch immer ist sein Gang zügig. Manchmal allerdings bleibt er beim Gehen abrupt stehen, tastet mit dem Fuß an einer unebenen Stelle, bevor er den Schritt macht. Seit er vor wenigen Jahren auf dem linken Auge erblindete und nun nicht mehr dreidimensional sehen kann, wirkt ein Schatten auf dem Bürgersteig manchmal wie eine tiefe Spalte.

Nach wie vor steht Helmut Bleks jeden Morgen sehr früh auf, arbeitet, von einer Mittagspause abgesehen, ununterbrochen bis zum Abend, zehn Stunden täglich. Im Dienst seiner Schule reiste er viel innerhalb Namibias und nach Deutschland. Sein Arbeitsalltag war ihm Inhalt und Lebensrhythmus zugleich, bis zu dem Tag vor wenigen Wochen im September 2004, als sein Herz sich beschwerte und Helmut Bleks sich einer Notoperation unterziehen musste. Wie vor fünfunddreißig Jahren, als ein Herzinfarkt das Ende seines Managerlebens und den Beginn seines zweiten Lebens in Namibia markierte, so nimmt Helmut Bleks auch das erneute Zeichen seines Körpers ernst. Er hat beschlossen, den Rückzug von seinem Lebenswerk anzutreten: langsam nur, damit nicht alles in Unordnung zerfällt, aber doch mit dem Ziel, sich so herauszuziehen, dass Baumgartsbrunn auch ohne ihn weiterexistieren kann. Aber wird es tatsächlich einmal ohne ihn auskommen können? Und kann der alte Helmut Bleks ohne sein Lebenswerk auskommen?

Der Polizist Benjamin erklärt, wie es am heutigen Vormittag weitergeht. Und kurz darauf sitzen wir wieder im VW-Jetta, mitten in einem Korso aus etwa achtzig Autos, die im Schritttempo bis zum Friedhof am Rande des Städtchens fahren.

Der Wind ist salzig und kühl auf diesem Streifen Namibias, wo die Wüste auf den kalten Atlantik trifft. Die Trauergemeinde steht um das offene Grab, mitten in einem Wald von Holzkreuzen und einigen Palmen, deren Blätter sanft im Wind wippen. Für einen Grabstein gibt man hier kein Geld aus. In Namibia ist jeder Dritte arbeitslos.

Der Sarg ist flankiert von ehemaligen Schülern aus Baumgartsbrunn, die den Chor bilden. Sie stimmen ein Lied an, doch schon nach wenigen Sekunden beginnen die ersten Sängerinnen zu schluchzen. Kurz darauf geht der Gesang in lautes Weinen und Klagen über. Nach einer kurzen Pause haben sich die Sänger wieder gesammelt, setzen erneut an und singen das Lied zu Ende. Es ist eines der Lieder, die David Hiponduka in seiner Zeit als Schulleiter in Baumgartsbrunn geschrieben hat.

Andächtig lauschen die Trauernden danach dem Pastor, der das Leben von David Hiponduka zusammenfasst. Er tut dies auf Afrikaans, das die Südafrikaner nach der Annexion von «Deutsch-Südwest» oktroyiert hatten und das heute noch im ganzen Land Umgangssprache ist.

Als der Pastor seine Rede beendet hat, wird Helmut Bleks gebeten, ein paar Worte zu sprechen. Der alte Herr im dunkelblauen Jackett und mit schwarzer Krawatte bewegt sich nach vorn, gefolgt von seiner Frau. Kerzengrade steht er vor dem Sarg, während der Wind ihm das silberne Haar zaust: «Vor dreißig Jahren saßen Meister David und ich im Khomas-Hochland zusammen», beginnt er seine Rede. «In der Gegend gab es damals noch keine Schule, und wir überlegten, wie man dort eine solche für die Kinder Namibias aufbauen könnte.» Helmut Bleks beschreibt die Zeit, als die erste Klasse im Schatten eines Baumes unterrichtet wurde, und erzählt vom Ausbau der Schule zu einem ganzen Dorf, in dem Hunderte Kinder Platz finden und eine Schulausbildung bekommen. Er erzählt auch vom Bau der Kirche, weil die Kinder so dringend wie das Brot auch das Wort bräuchten. «All dies wäre ohne David Hiponduka nicht so gekommen», sagt Bleks. Während seine deutschen Worte in Afrikaans übersetzt werden, sieht man dem alten Mann die innere Bewegung an. Seine Rede beendet er mit den Worten: «Ja, und nun ist er fortgegangen.» Dabei versagt ihm fast die Stimme. Er kämpft mit den Tränen. Seine Frau hakt sich bei ihm ein. Der Übersetzer streicht ihm mit breiter Hand über den Rücken. Einen Moment lang hält Helmut Bleks inne. Dann sagt er leise: «Danke, David.»

Auf der Fahrt zurück nach Swakopmund wird kein Wort gesprochen. Bis zur Abschlussfeier im Hotel Hansa bleiben noch ein paar Stunden, um Kraft zu schöpfen.

Hotel Hansa – die Abschlussfeier

Es sind nur noch wenige Minuten bis neunzehn Uhr. Helmut und Traudel Bleks sitzen in ihrem Wohnzimmer und warten. «Ich möchte da nicht zu früh sein und rumsitzen», sagt Bleks. Er vermutet, dass die zweiundvierzig jungen Frauen etwas zu spät kommen werden. Traudel Bleks sieht an sich herunter, streicht über den Ärmel ihrer leuchtend blauen Seidenjacke. «Die habe ich mir selber mal genäht», sagt sie. Auch Helmut Bleks kontrolliert kurz sein Aussehen. Er ist ein bisschen eitel und stets korrekt gekleidet.

Das Hotel liegt nur fünf Autominuten entfernt. Helmut Bleks hatte Recht: Als seine Frau und er eintreffen, sind nur Reinharde und Toini da. Aber ein paar Minuten später blicken die zumeist europäischen Gäste des Viersterne-Hotels erstaunt und interessiert auf, als zweiundvierzig dunkelhäutige junge Damen in eleganter Abendrobe, rot, weiß oder schwarz, die Hotelhalle betreten. Noch bis Anfang 1990, zu Zeiten der Apartheid, wäre diese Szene undenkbar gewesen, für die einen ein Wunsch-, für die anderen ein Albtraum. Die Studentinnen sind heute Abend aufgeregt und unsicher. Freudig begrüßen sie Helmut und Traudel Bleks. Nach wenigen Minuten sieht man den Frauen die Veränderung an. Nun überwiegen die Neugier und auch der Stolz darauf, am heutigen Abend dabei zu sein.

Die Festgesellschaft, zu der auch einige Lehrer, die beiden deutschen Zivildienstleistenden und die Fahrer der Busse gehören, begibt sich in den Saal. Hier ist alles in dezenten Farben gehalten, erhellt vom milden Licht der goldenen Deckenleuchter. Die runden Tische sind vornehm gedeckt. Die Absolventinnen sehen sich interessiert um. Es herrscht eine erwartungsfrohe Stimmung. Noch denkt niemand an den bevorstehenden Abschied, sondern nur an das Zusammensein in den nächsten Stunden. Einen schnellen, prüfenden Blick werfen die Frauen auf das Gedeck, als sie sich an die Tische setzen: Liegt das Besteck in der richtigen Anordnung? Sind die Servietten korrekt gefaltet?

Nachdem jeder Gast einen Platz gefunden hat und angeregtes Plaudern den Saal erfüllt, tritt Johanna Mbelli in einem eng anliegenden schwarzen Kleid in die Mitte des Saals und bittet um Ruhe. Mit großer Selbstverständlichkeit, als hätte sie jahrelange Übung darin, begrüßt die Studentin alle Anwesenden. Sie spricht einige erklärende Worte zum Verlauf des Abends. «Der Zeitplan ist eng, wir müssen uns also ranhalten», schließt sie die Begrüßungsrede. Nach einem gemeinsamen Gebet stehen zwölf Studentinnen von ihren Plätzen auf und gruppieren sich in der Mitte des Saals. Es ist der Chor. Das erste, selbst getextete Lied betrauert den Abschied nach langer gemeinsamer Zeit: «… but now we have to say goodbye to Baumgartsbrunn». Der Chor klingt professionell, die Stimmen klar, die Töne sauber – die Menschen in Namibia haben keine Scheu, öffentlich zu singen, sind darin von klein auf geübt. Währenddessen erscheinen in dem offenen Eingang zum Saal einige neugierige Hotelgäste, vom Gesang angelockt.

Helmut und Traudel, Reinharde und Toini sowie zwei Lehrerinnen verfolgen das Geschehen von ihrem Tisch in der Ecke des Saals. Auch Bleksens wirken aufgeregt und gerührt zugleich.

Nachdem der Chor ausgesungen hat, wird die Vorspeise,

eine Tomatensuppe mit Sahnehaube, serviert. Wie zuvor die Gedecke, die Tisch- und Saaldekoration mustern die Studentinnen jetzt jede Bewegung, jeden Griff der Kellnerinnen, was diese leicht nervös macht. Auch Helmut Bleks ist angespannt wegen seiner bevorstehenden Rede.

«Muss ich vor dem Essen?»

«Nein», beruhigt ihn Reinharde. «Erst viel später.»

«Ich hatte nämlich mal einen Schock», erklärt Bleks dann. «Das ist zwar schon lange Jahre her, aber es wirkt bis heute nach. In Bochum in den sechziger Jahren musste ich als Trauzeuge vor einer Hochzeitsgesellschaft eine Rede halten. Ich stand auf, wollte anfangen und zack! Totalblockade. Mir fiel nichts mehr ein. Gar nichts! Seitdem habe ich vor jeder Rede Lampenfieber.»

An den Tischen herrscht fröhliche Plauderei. Für den Hauptgang kann man zwischen Hecht und Oryx-Antilope wählen. Bleks ist aufgekratzt. Er unterhält den ganzen Tisch mit zügigem Themenwechsel über die Lage in Namibia, den schönen Saal, den Sinn der Schule, und wo sitzen denn die Zivis? Ach, da! Er scherzt mit seinen Tischnachbarn und erlaubt sich kleine Frechheiten. So zieht er Reinharde in dem Moment, da sie mit der Gabel in den Fisch stechen will, ihren Teller weg. Reinharde verdreht die Augen – sie kennt Helmut Bleks seit fünfzehn Jahren, und diese Lausbubenstreiche gehören nun einmal auch zu ihm.

Dann bittet Johanna Mbelli wieder um Ruhe – eine Studentin möchte gerne zu den Anwesenden sprechen. Die junge Frau überkommt plötzlich Unsicherheit, als sie in der Mitte des Saals steht und die Gäste sie schweigend ansehen. Sie will frei sprechen, setzt an: «Wir kommen alle ...», dann stockt sie. Einige ihrer Mitstudentinnen kichern. Nicht böse wirkt es, vielleicht eine Mischung aus Mitgefühl und Schadenfreude. «Bitte lasst das», sagt Helmut Bleks. «Irgendwann werdet ihr in derselben Situation sein.» Augenblicklich verstummt das Gelächter, und die Studentin spricht nun frei: «Wir stammen aus einem Land, in dem sehr viel Armut herrscht. Früher hatte ich immer Angst, cines Tages auf der Straße leben zu müssen. Heute kommt es mir so vor, als seien mir Flügel geschenkt worden. Ich kann jetzt losfliegen. Mein Leben liegt ganz in meiner eigenen Hand. So geht es uns allen hier im Raum, meine Schwestern.» – «My sisters» – das hört man an diesem Abend oft. «Ich bin so glücklich, dass ich euch kennen gelernt habe», fährt sie fort. «Wir haben in den vergangenen zwei Jahren so viel gelernt. Wir haben gelernt, dass wir alle gleich sind, obwohl wir aus verschiedenen Ländern und von verschiedenen Stämmen kommen. Aber vor allem haben wir einen Beruf gelernt und dadurch eine Perspektive erhalten. Ich möchte mich bei euch allen für eure Unterstützung bedanken.» Applaus bricht aus. «Und ich möchte mich bei Mister Bleks bedanken, ohne den wir nicht zusammengekommen wären, ohne den es unsere Schule nicht gäbe.» Wieder Applaus. Die Studentin wendet sich nun Helmut Bleks direkt zu: «Du warst manchmal streng mit uns. Ein paar Mal hast du sogar die Tür zugeschlagen und gerufen, dass du mit uns nichts mehr zu tun haben willst. Wir haben damals gelacht und gesagt: Er ist eben ein alter Mann. Aber jetzt weiß ich, dass du Recht hattest. Es war richtig, streng mit uns zu sein. Denn es ging um die große Chance in unserem Leben. Du hast uns die Flügel geschenkt, fliegen müssen wir nun selbst. Und das werden wir auch tun, Mister Bleks.»

Bleks ist gerührt. Dem Gefühlsmenschen kann man leicht im Gesicht ablesen, was in ihm vorgeht, und er selbst ist sensibel für die Gemütsverfassung anderer.

Als Reinharde ihm ein Zeichen gibt, ist der Moment gekommen, da er selbst sprechen muss. Helmut Bleks steht von seinem Platz auf, und während er sich in die Mitte des Saals bewegt, wirkt er für einen Moment etwas verloren. Er hält sich an einer Stuhllehne fest, als er seine Rede beginnt: «Wenn ihr hier mit euren Freundinnen, die ihr in den letzten zwei Jahren gewonnen habt, zusammensitzt, ist das auch deshalb eine Besonderheit, weil ihr aus verschiedenen Ländern und aus insgesamt elf verschiedenen Stämmen kommt. In Namibia war das nie selbstverständlich. Das ändert sich nur langsam, aber in Zukunft wird es immer normaler sein. Ihr habt in Baumgartsbrunn selbst erlebt, dass Freundschaft zwischen ganz verschiedenen Menschen nicht nur möglich ist, sondern dass sie ein großer Gewinn sein kann. Dass einem geholfen wird und dass man selber helfen muss. Jetzt seid ihr traurig, auseinander gehen zu müssen. Aber ihr werdet in Kontakt bleiben.» Bleks überlegt kurz, als er in die Runde sieht. «Ja, das ist alles neu. Aber ich bin davon überzeugt, dass es irgendwann *ein* Afrika geben wird. Das ist die Zukunft, und ihr seid ein Teil dieser Zukunft. Jede Einzelne von euch. Mit eurer Ausbildung seid ihr von heute an unabhängig.» Bleks bewegt jetzt beim Sprechen die Arme und wirkt deutlich gelöster als zu Beginn der Rede. «Dass wir unseren Abschlussabend in einem der nobelsten Hotels des Landes feiern, hat seinen Grund», fährt er fort. «Als ich ein kleiner Junge war und eines Abends in Berlin auf dem Kurfürstendamm spazieren ging und in die beleuchteten Fenster der Restaurants und Hotels guckte, war ich fasziniert und habe mir geschworen:

Irgendwann werde auch ich da hineindürfen. Ich werde eines Tages dazugehören!

Ihr habt jetzt eine Ausbildung im Hotelfach hinter euch. Ihr könnt alles, was man braucht, um in einem Hotel, auch in einem noblen wie diesem, arbeiten zu können. Ihr könnt hier mit eigenen Augen sehen, wo ihr in eurem Leben hinkommen könnt. Jede Einzelne von euch.» Helmut Bleks blickt noch einmal in die Gesichter der Studentinnen. «Bedanken möchte aber auch ich mich ganz persönlich bei euch dafür, dass ihr meiner Frau und mir euer Vertrauen geschenkt habt.» Zum Schluss wendet sich Helmut Bleks seiner Frau zu: «Mein Dank gilt natürlich auch dir, liebe Traudel. Ohne dich würden wir hier heute nicht zusammen sein. Du unterstützt, wie früher schon die Schule und die Schüler, heute das Institut und die Studentinnen.» Begeistert applaudieren die jungen Frauen, die Traudel Bleks in den vergangenen zwei Jahren in ihr Herz geschlossen haben. «Und auch ich könnte meine Arbeit ohne dich nicht machen. Wenn ich abends müde nach Hause komme, baust du mich immer wieder auf. Und das tust du schon seit mittlerweile fünfzig Jahren …»

«Seit sechzig!», souffliert Reinharde, und Traudel Bleks muss lachen.

«Ja!», sagt Bleks. Auch er muss jetzt lachen. «Natürlich: Es sind schon fast sechzig Jahre.» Er hebt das Glas und stößt mit Traudel an. Dann hält er sein Glas noch einmal den Absolventinnen entgegen. Alle erheben sich und prosten ihm zu.

Der Chor singt ein neues Lied. Toini, die Küchenchefin in Baumgartsbrunn, ruft mit starker Stimme den jungen Frauen zu: «Von jetzt an seid ihr keine Studentinnen mehr, sondern Madams. Macht euren Weg und macht ihn gut. Wenn ich euch eines Tages einmal wieder begegnen sollte, dann möchte ich euch nicht auf der Straße sehen, unglücklich und traurig, sondern strahlend, wie ihr heute seid. Ich werde euch vermissen!»

Und nun ist Reinharde dran. Sie hat während des Essens mit ihrer malerischen Schrift Notizen auf einen Zettel geschrieben. Den vergisst sie nun an ihrem Platz. Aber ihre Ansprache gelingt auch ohne ihn. Sie schärft den Mädchen ein, dass sie in Baumgartsbrunn zwar gute Voraussetzungen mitbekommen hätten, dass sie nun aber selber aktiv werden müssten. Reinharde erinnert daran, dass sie ohne Mister Bleks alle nicht hier säßen. Traudel Bleks dankt sie für ihre umfassende mütterliche Unterstützung. Den Zivildienstleistenden aus Deutschland dankt Reinharde dafür, dass sie das Leben in Afrika kennen lernen wollen. Am Ende ihrer Rede angekommen, zieht Reinharde unter dem Tisch einen Aktenkoffer hervor. Sie öffnet ihn und nimmt einen Stapel Umschläge heraus. Im Saal herrscht jetzt gespannte Stille. Auf jedem Umschlag steht ein Name, daneben klebt ein silbern glänzender Aufkleber in Form eines Herzens. Helmut Bleks und Reinharde stellen sich in die Mitte des Raums und rufen nacheinander alle Studentinnen auf. Unter dem Beifallklatschen der anderen schreitet jede Einzelne nach vorne und nimmt ihren Umschlag mit dem Diplom entgegen. Dazu gibt es einen Handschlag und eine Umarmung von Helmut Bleks und von Reinharde.

Als alle jungen Frauen zufrieden wieder auf ihren Stühlen sitzen, ihre Diplome ansehen und aufgeregt miteinander plaudern, hat auch Helmut Bleks wieder Platz genommen. «Das war doch wieder ein wunderbarer Abend», sagt er zu Traudel. Sie nickt mit einem Strahlen auf dem Gesicht. Kurz darauf sagt sie zu ihrem Tischnachbarn aus Deutschland:

«Diese Liebe und Herzlichkeit der Afrikaner, die möchte ich nie mehr missen. Es ist ja keine Selbstverständlichkeit gegenüber uns Weißen, wenn man bedenkt, was sie unter denen zu erleiden hatten. Das ist eine wunderbare Erfahrung. Und deshalb möchte ich auch nicht mehr zurück.» Auf Nachfrage bestätigt sie: «Ja, nicht mehr nach Deutschland, meine ich. Ich bleibe in Afrika.» Und dann macht sie etwas, das sie noch bei keiner Abschiedsfeier gemacht hat. Sie lässt ihr Glas erklingen, steht auf und spricht nun ihrerseits ein paar letzte Worte zu den jungen Frauen: «Ihr seid alle meine Kinder», sagt sie. «Ich hoffe, dass ihr irgendwann einmal zu mir kommt und erzählt, was aus eurem Leben geworden ist. Aber jetzt möchte ich, dass ihr erst einmal optimistisch nach vorne blickt. Ihr habt allen Grund dazu. Ich wünsche euch alles Gute!» Traudel Bleks erhebt ihr Glas, und die Frauen tun es ihr nach.

Während die Dessertteller abgeräumt werden und die Frauen ihre Zeugnisse einstecken, sieht Helmut Bleks auf die Uhr. Es ist Zeit, den Abend zu beenden. Ein letztes Mal erklingt an diesem Abend ein Glas. Es wird still im Saal. «Ich spreche jetzt noch einmal zu euch», sagt Helmut Bleks. «Aber das wird das letzte Mal sein, und ich hoffe, dass mir die Stimme dabei nicht versagt.» Er schaut gerührt in die Runde. «Jetzt sitzen wir hier noch alle gemütlich zusammen, aber in fünf Minuten werden wir auseinander gehen, für immer. Ich werde sehr traurig sein, weil ich euch alle liebe. Es war eine wunderbare Zeit mit euch. Ihr seid für mich alle zu kleinen Schwestern geworden, und ihr sollt wissen: Ihr kennt mein Haus, und ihr habt meine Telefonnummer. Ihr könnt jederzeit kommen oder anrufen, wenn ihr Hilfe braucht. Ich werde immer für euch da sein.»

Er schaut ein letztes Mal in die traurigen Gesichter. «Okay», sagt er dann, packt seine Sachen und verlässt den Saal. Das war's.

Die Studentinnen halten sich noch eine Weile in der Hotelhalle auf und lassen sich nacheinander auf der grandiosen Treppe des Hotels fotografieren.

Derweil steuert Traudel ihr Auto durch das nächtliche Swakopmund, vorbei an den gewaltigen Palmen, die wie Scherenschnitte vor dem bronzefarbenen Mond stehen. Helmut Bleks sitzt auf dem Beifahrersitz. Er denkt bereits an den morgigen Tag. Im Hansa-Hotel und in der Pension wird er die Rechnungen begleichen müssen. Auch zu der Jugendherberge, wo die Absolventinnen übernachten, wird er morgen fahren. «Aber dort gehe ich erst hin, wenn die Mädchen weg sind», sagt Bleks. «Noch einmal Abschied, das halte ich nicht aus.»

Nachwort

Am 5. Mai 2005 feierten Helmut und Traudel Bleks ihren sechzigsten Hochzeitstag in Swakopmund. Nur einen Monat später übertrug Helmut Bleks dem Staat Namibia die Verwaltung der von ihm vor dreiunddreißig Jahren gegründeten Schule. Bei der feierlichen Übergabe in der Kirche von Baumgartsbrunn dankte der Vertreter der Regierung dem Ehepaar Bleks für die «unermüdliche Unterstützung des Staates Namibia und seiner Menschen». Die Berufsausbildung der sechzig jungen Frauen im Institut für Haus- und Landwirtschaft wird weiterhin von der Helmut-Bleks-Stiftung organisiert und finanziert. Helmut und Traudel Bleks werden dem Projekt Baumgartsbrunn natürlich auch in Zukunft persönlich verbunden bleiben.

Weitere Informationen über das Schulprojekt Baumgartsbrunn finden Sie auf der Internetseite der Stiftung unter www.bleks.de.